LÚCIO ANEU SÊNECA

LIÇÕES SOBRE A VIDA FELIZ

e outros diálogos

Tradução do latim
Rodrigo Tadeu Gonçalves

goya

LIÇÕES SOBRE A VIDA FELIZ

TÍTULO ORIGINAL:
De Vita Beata,
De Constantia Sapientis,
De Otio & De Providentia

COPIDESQUE:
Marlon Magno

DIAGRAMAÇÃO:
Beatriz Carvalho

REVISÃO:
Ingrid Romão
João Rodrigues

CAPA E PROJETO GRÁFICO:
Oga Mendonça

**DADOS INTERNACIONAIS DE CATALOGAÇÃO NA PUBLICAÇÃO (CIP)
DE ACORDO COM ISBD**

S475l   Sêneca
Lições sobre a vida feliz / Sêneca ; traduzido por Rodrigo Tadeu
Gonçalves. - São Paulo: Goya, 2024.
224 p. ; 11,5cm x 18cm.

Tradução de: De Vita Beata, De Constantia Sapientis, De Otio
& De Providentia
ISBN: 978-85-7657-654-9

1. Filosofia. 2. Estoicismo. 3. Desenvolvimento pessoal. I.
Gonçalves, Rodrigo Tadeu. II. Título.

2023-3604
      CDD 100
      CDU 1

ELABORADO POR VAGNER RODOLFO DA SILVA – CRB-8/9410

ÍNDICES PARA CATÁLOGO SISTEMÁTICO:
1. Filosofia 100
2. Filosofia 1

COPYRIGHT © EDITORA GOYA, 2024

**TODOS OS DIREITOS RESERVADOS.
PROIBIDA A REPRODUÇÃO, NO TODO
OU EM PARTE, ATRAVÉS DE QUAISQUER
MEIOS, SEM A DEVIDA AUTORIZAÇÃO.**

Rua Bento Freitas, 306, cj. 71
01220-000 – São Paulo – SP – Brasil
Tel.: 11 3743-3202

WWW.EDITORAGOYA.COM.BR

@editoragoya

é um selo da Editora Aleph Ltda.

SUMÁRIO

APRESENTAÇÃO
POR FILICIO MULINARI   6

SOBRE A VIDA FELIZ   12

SOBRE A CONSTÂNCIA DO SÁBIO   88

SOBRE O ÓCIO   144

SOBRE A PROVIDÊNCIA   170

CADERNO DE ANOTAÇÕES   211

APRESENTAÇÃO
por Filicio Mulinari

Lúcio Aneu Sêneca foi uma figura importante na filosofia do período imperial romano. Suas obras desempenharam um papel fundamental também na retomada das ideias estoicas durante o Renascimento. Até hoje, muitos livros e manuais abordam a filosofia estoica tendo Sêneca como referência.

Nas primeiras décadas do século 21, a obra de Sêneca voltou a ser tema de destaque no que pode ser chamado de um "segundo renascimento". Esse interesse renovado é resultado de uma reavaliação geral da cultura romana. Além disso, alguns filósofos e estudiosos (como Michel Foucault) foram influenciados significativamente pela leitura de Sêneca, ao relacionar seus estudos ao pensamento do filósofo estoico.

É curioso perceber a natureza cíclica dessa retomada, que muito se deve à ideia de "vida feliz". Se à primeira vista tal conceito parece banal, um pouco mais de atenção nos revela um dilema que persiste desde os primórdios da filosofia ocidental. Nesse sentido, entender como a filosofia tem se debruçado sobre a felicidade nos ajudará não só a entender melhor este livro, mas também o motivo pelo qual muitos hoje ainda buscam na atitude filosófica um meio para a compreensão efetiva do que seja uma vida plena.

A busca por uma vida feliz foi uma constante na maior parte das escolas filosóficas da Grécia Antiga. Se analisarmos, por exemplo, o pensamento aristotélico, veremos que boa parte de seu raciocínio gira em torno do conceito de *eudaimonia*, tradicionalmente traduzido como "felicidade" ou "bem-estar".

Além de Aristóteles, a corrente epicurista é outro exemplo singular de vertente filosófica que centra seus raciocínios na busca da vida plena e feliz. Os conceitos de *ataraxia* e *aponia*, tidos como máximas dessa filosofia, representam claramente esse esforço em busca da felicidade em sua forma mais elevada. Para seus seguidores, a tranquilidade da alma e a ausência da dor seriam a chave para a verdadeira vida feliz; e o pensamento filosófico, seu caminho seguro.

No entanto, apesar dos esforços de grandes pensadores da antiguidade, a partir da era moderna a investigação sobre a felicidade parece ter perdido destaque. Regados por um imperativo incessante de objetividade, filósofos modernos consagraram o tema da felicidade à esfera individual. Filósofos liberais ou empiristas (como John Locke e David Hume) veriam problemas em pensar na felicidade como tema da filosofia, relacionando-a com a questão dos sentimentos subjetivos e tirando-a da seara filosófica. Immanuel Kant, símbolo do Iluminismo, acreditava que a felicidade estaria relacionada ao prazer, não sendo tema da ética ou da filosofia. Logo, que cada um pense em como ser feliz — não caberia uma reflexão filosófica (objetiva e racional) sobre isso.

É fácil notar que a felicidade, a partir do período moderno, deixou de ser objeto de reflexão filosófica e passou a ser tema do indivíduo, relativa e não racional. Porém, evocando a antiga máxima heraclitiana de que "tudo muda", não tardou para que essa posição moderna se visse ultrapassada.

Se os séculos 17 e 18 foram tomados por um otimismo oriundo dos avanços da ciência e da razão iluminista, o século 19 foi profundamente marcado por abalos políticos, econômicos e existenciais. Mais tarde, a reorganização econômica da sociedade capitalista, as guerras mundiais e o niilismo reinante fizeram com que o sujeito sofresse de uma intensa crise existencial. A religião não serviria mais de fundamento e a ciência moderna, que agora ocupa seu lugar, não parece dar conta de preencher nosso vazio existencial. "Deus está morto!", diria Nietzsche, mas nada colocamos em seu lugar para preencher o espaço deixado no que tange à nossa busca pela plenitude.

É nesse contexto que, ao longo do século 20, temas éticos e existenciais foram reposicionados em várias escolas filosóficas. Não só reflexões sobre "como devemos agir?", mas também sobre "o que somos nós?" voltam a ocupar lugar de destaque na filosofia. Não à toa, escolas antes esquecidas, como o estoicismo, retornam à discussão e à reflexão filosófica — e é nesse contexto que este livro que você tem em mãos se encontra. Afinal, não há caminho para uma vida plenamente feliz que não passe pela reflexão filosófica. Ler Sêneca e seus escritos talvez seja apenas o início (ou mais um passo) de sua jornada em busca de uma vida plena.

Filicio Mulinari,
doutor em Filosofia

SOBRE A VIDA FELIZ
Para Gálio

CAPÍTULO 1

01 — Gálio, meu irmão, todos querem viver felizes; porém, quando procuram investigar o que torna uma vida feliz, a questão se mostra nebulosa. E é tão difícil alcançar a vida feliz que, quanto mais rápido alguém corre até ela, mais se afasta, caso se desvie do caminho. Quando esse caminho leva à direção contrária, a própria velocidade torna-se causa de maior intervalo. Então, devemos verificar, primeiro, o que estamos buscando e, em seguida, olhar ao redor para encontrar o caminho mais rápido até nosso objetivo, de modo que compreenderemos, nesse mesmo caminho, caso seja o correto, o quanto avançamos a cada dia e o quão próximos estamos daquilo a que nosso desejo natural impele.

02 — De fato, se vagarmos para todo canto por muito tempo sem seguir um mestre, mas seguindo o barulho e a gritaria dissonante de muitas vozes nos chamando, a vida vai se acabando em errâncias, breve, mesmo se nos

esforçarmos dia e noite em busca de boas mentes. É preciso entender, então, tanto para onde quanto por onde avançamos, não sem certo especialista que já tenha explorado as coisas que buscamos, uma vez que os termos aqui não são os mesmos que os que encontramos em outras peregrinações. Nelas, as fronteiras já conhecidas e os locais a quem podemos pedir informações nos impedem de vagar; mas aqui os caminhos mais conhecidos e mais célebres são os que mais enganam.

03 _ Nada devemos evitar mais do que seguirmos ao modo do gado que vai atrás do rebanho que já passou, caminhando não aonde se deve ir, mas para onde os outros vão. E nada nos implica males piores do que quando nos juntamos aos rumores, quando julgamos que as melhores coisas são as que foram recebidas com a maior concordância, ou quando vivemos com base em muitos exemplos, não da razão, mas da imitação. Daí deriva grande amontoado de quedas.

04 _ Isso acontece quando há um grande confronto entre os homens, em que a massa se pressiona, de modo que ninguém cai sem que outro caia sobre ele, e os primeiros são a desgraça dos que vêm depois — é isso que se pode ver acontecer na vida de todos. Ninguém erra somente quanto a si mesmo, mas é a causa e o autor do erro de outro. Faz mal implicar-se com os que antecederam e, na medida em

que cada pessoa prefere confiar em crença, não em julgamento — nunca há julgamento sobre a vida, mas somente a crença. E um erro trazido pela mão nos chacoalha e nos joga no chão. Perecemos por conta dos exemplos dos outros. Estaremos a salvo somente se nos separarmos da multidão.

05 — Porém, no momento o povo, defendendo seu próprio mal, se coloca contra a razão. O mesmo acontece nas eleições, em que os que se espantam com os pretores eleitos são os mesmos que votaram neles, bastando que o favor caprichoso venha a se afastar deles. Aprovamos algo, e reprovamos a mesma coisa. Esse é o resultado de qualquer julgamento em que se apoie a maioria.

É TÃO DIFÍCIL ALCANÇAR A VIDA FELIZ QUE, QUANTO MAIS RÁPIDO ALGUÉM CORRE ATÉ ELA, MAIS SE AFASTA

CAPÍTULO 2

01 _ Quando se trata da vida feliz, não há por que você me responder ao modo das discussões no Senado: "Este lado parece estar em maioria". Pois é nisso que está o pior. Nas questões humanas, o bem não está no que agrada à maioria: a multidão é a prova do que há de pior.

02 _ Busquemos, então, o que é o melhor a fazer, e não o que é a prática mais comum, e o que pode nos colocar em posse da felicidade eterna, não o que é aprovado pelo vulgo, o pior intérprete da verdade. Chamo de "vulgo" tanto os que usam coroas quanto os que usam mantos, pois não enxergo a diferença das vestes que cobrem nossos corpos. Quanto ao ser humano, não confio no que vejo com os olhos, mas disponho de uma luz melhor e mais confiável para distinguir o verdadeiro e o falso. É o espírito que descobre o bem do espírito. Este, se tiver tempo para respirar e se voltar para si mesmo, ó,

quanto ele vai se torturar e confessar a verdade a si mesmo, dizendo:

03 _ "Tudo que fiz até agora preferia não ter feito. Quando penso em tudo que disse, invejo os que não falam. Tudo o que desejei considero a execração dos meus inimigos. Tudo que temi, ó bons deuses, quão mais leve foi do que tudo que desejei! Gestei inimizades para com muitos, e retornei do ódio às graças, se é que há alguma graça entre os maus. Porém, ainda não sou amigo de mim mesmo. Esforcei-me muito para me afastar da multidão e me tornar notável por ter casado com um dote. O que estava fazendo, senão me colocar na trajetória dos projéteis e mostrar à malevolência onde eu poderia ser atingido?

04 _ "Você vê esses homens que louvam a eloquência, que perseguem as riquezas, que adulam em troca de favores, que exaltam o poder? Todos são seus inimigos, ou poderiam ser, tanto faz. O mesmo tanto de gente que se admira com eles também os inveja. Por que não busco algo que é bom para o uso, algo que eu possa sentir, em vez de algo que possa mostrar? Essas coisas, que os outros olham, diante das quais param e, estupefatos, mostram aos outros, brilham por fora mas são miseráveis por dentro".

CAPÍTULO 3

01 _ Para buscarmos algo que é bom não na aparência, mas sólido, constante e mais belo por dentro: devemos desenterrá-lo. Não está distante: será encontrado; basta saber para onde estender a mão. Até agora, é como se estivéssemos no escuro, derrubando sem querer exatamente o que desejamos.

02 _ Contudo, para não o conduzir por um caminho tortuoso, deixarei para trás as opiniões de outros — pois enumerá-las seria demorado, assim como refutá-las. Ouça a nossa. Porém, quando digo "nossa", não me amarro a qualquer outra autoridade entre os estoicos: tenho o direito de defender a minha. Assim, seguirei algum, me afastarei da opinião de outro; talvez, quando chamado a falar depois de todos, não reprovarei a posição deles, mas direi: "Gostaria de acrescentar o seguinte...".

03 _ Nesse meio-tempo, faço algo que é comum a todos os estoicos: concordo com a natureza das coisas. Não se afastar dela e formar-se de

acordo com o seu exemplo e as suas leis — isso é a sabedoria. Feliz é a vida que convém a sua natureza. Isso não pode acontecer a não ser que, antes de tudo, a mente esteja sã, em posse perpétua de sua sanidade. E então deve estar forte e firme, capaz de aguentar com candura, adaptada ao seu tempo, cuidadosa com seu corpo e com o que lhe diz respeito, sem ansiedade, preocupada com o que mais instrui a vida, sem arroubos de admiração, pronta para usar a fortuna como um dom, e não a ela servir.

04 _ Você percebe, mesmo se eu não acrescentar, que a tranquilidade perpétua e a liberdade seguem se expulsarmos o que nos irrita ou aterroriza. Pois, tendo sido rejeitados os prazeres e os medos, no lugar das coisas que são pequenas e frágeis, prejudiciais por conta própria, surge uma enorme alegria, inabalável e estável, seguida por paz e concórdia da alma, uma grandeza com suavidade, porque toda ferocidade deriva de alguma fraqueza.

CAPÍTULO 4

01 _ O nosso bem também pode ser definido de outra forma, ou seja, a mesma proposição pode ser compreendida com outras palavras. Da mesma maneira que o mesmo exército pode ora se abrir mais espaçadamente, ora se fechar de modo mais compacto, ora se curvar em um arco na parte do meio, ora avançar com a frente reta, enquanto sua força, não importando como esse esteja disposto, é a mesma, bem como sua disposição em levantar-se pelas mesmas causas — assim a definição do bem maior pode às vezes ser espalhada e difundida, enquanto outras vezes pode ser compactada e dirigida a si mesma. Será a mesma coisa, então, se eu disser:

02 _ "O bem maior é o espírito que despreza as coisas da fortuna, que se regozija com a virtude" ou "força invencível do espírito, perita nas coisas práticas, calma nas ações e dotada de grande humanidade e cuidado com aqueles com quem dialoga." Podemos também definir

como: feliz é o homem a quem não haja mal ou bem senão o mal ou o bem do espírito, o homem que cultiva as boas virtudes, que se contenta com elas, a quem as coisas da fortuna não elevem nem quebrem, que sabe que não há bem maior do que aquele que pode dar a si mesmo, a quem o verdadeiro prazer será o desprezo dos prazeres.

03 _ Caso queira vagar ainda mais longe, é possível transformar uma forma em outra mantendo-se íntegra e salva a potência; o que nos impede de dizer que a vida feliz é um espírito livre, reto, impávido e estável, além do medo, além dos prazeres, para quem o único bem será a virtude; o único mal, a torpeza; e o resto, só um monte de coisas vis que nem acrescentam nem diminuem nada da vida feliz, que chega e vai embora sem aumentar nem minorar o bem maior?

04 _ É necessário que o espírito, assim fundamentado, seja acompanhado de uma contínua graça e uma alegria profunda, queira ele ou não. Que ele aproveite o que é seu e não deseje nada maior do que já tem em casa. Por que não consideraria essas coisas um sólido bem em comparação com as coisas diminutas e frívolas, com os movimentos finitos de um pequeno corpo? No dia em que alguém sucumbir ao prazer, sucumbirá também à dor. Pois você verá que servidão má e danosa será útil àquele possuído alternadamente pelos

prazeres e dores, os domínios mais incertos e indomáveis. Portanto, deve-se encontrar um caminho para a liberdade.

E essa liberdade não pode ser atribuída a outra coisa, senão à negligência do destino. Então, esse bem inestimável surgirá, uma quietude da mente colocada em segurança, uma sublimidade, um enorme e firme gozo derivado da expulsão dos erros e do conhecimento da verdade, uma afabilidade e expansividade do espírito, coisas com as quais ele se deleitará não como bens, mas como derivadas de sua bondade.

CAPÍTULO 5

01 _ Já que comecei a tratar do tema com liberalidade, pode ser chamado de feliz aquele que não deseja nem teme, por contar com o benefício da razão — uma vez que tanto as pedras quanto o gado carecem de temor e de tristeza, mas ninguém diria que são felizes por esse motivo, pois a eles não há compreensão da felicidade.

02 _ Coloque na mesma categoria os homens cuja natureza crua e cuja ignorância de si conduziram à categoria de gado e de bestas. Não há nada entre aqueles e estes, pois estes não possuem razão e aqueles possuem uma razão depravada e habilidosa em perversidades, para seu próprio mal. Assim, não pode ser chamado de feliz aquele que tenha sido arremessado para longe da verdade.

03 _ A vida feliz, portanto, é estabelecida sobre o juízo correto, definido e imutável. Dessa forma, a mente é pura e desprovida de todos os males somente quando tiver escapado não

apenas das feridas maiores, mas também dos pequenos arranhões. Está sempre preparada para manter sua posição e seu lugar, mesmo quando a fortuna é vingativa, irada e hostil.

04 _ E, no que diz respeito ao prazer, mesmo que flua por todos os lados, transborde em todas as vias, enfraqueça o espírito com suas ternuras e agencie coisa após coisa para nos incomodar no todo ou em partes, que mortal, se ainda lhe restar algum vestígio de humanidade, desejaria ser importunado dia e noite e dar atenção apenas ao corpo, tendo abandonado o espírito?

CAPÍTULO 6

01 — **"M**as o espírito também terá seus prazeres", diz alguém.[1] Que tenha, e que se assente como árbitro da luxúria e dos prazeres. Que ele se encha de tudo que costuma agradar aos sentidos, e que então olhe para trás e, lembrando-se dos prazeres obsoletos, exulte com o que já se foi. E que agora olhe para os prazeres futuros e coloque suas esperanças em ordem, e, enquanto o corpo afunda em um glutão presente, lance seus pensamentos ao futuro. Isso me parecerá muito mais deplorável, já que é demência escolher os males no lugar dos bens. E ninguém é feliz sem sanidade; e ninguém é são se deseja coisas prejudiciais no lugar das coisas melhores.

02 — Portanto, feliz é aquele correto em seu juízo; feliz é aquele que se contenta com o que quer que esteja presente, amigo de suas próprias coisas; e feliz é aquele cuja disposição seja totalmente aprovada pela razão.

O BEM MAIOR É IMORTAL

CAPÍTULO 7

01 — Isso veem também aqueles que consideram que o bem maior está nessa parte baixa do corpo. Assim, negam que se possa separar o prazer da virtude e afirmam que não se pode viver de forma honesta sem viver com prazer, nem viver com prazer sem viver de forma honesta.[2] Não consigo ver como coisas tão diferentes podem estar unidas numa mesma comunhão. Por que, eu pergunto, o prazer não pode ser separado da virtude? Seria por que, eu suponho, todo o princípio das coisas boas deriva da virtude, e a partir das raízes da virtude surgem até mesmo as coisas amadas e desejadas? Porém, se essas coisas fossem inseparáveis, não veríamos as que são prazerosas mas não honestas, e outras coisas que são, na verdade, as melhores do ponto de vista moral, porém ásperas, alcançadas através da dor.

02 — Acrescente-se, agora, que o prazer vem até mesmo para as vidas mais torpes; a virtude não admite uma vida má; e os infelizes não

vivem sem o prazer, mas o são justamente por conta do prazer, o que não aconteceria caso se misturasse com a virtude. A virtude sempre demanda prazer; mas nunca precisa dele.

03 _ Por que, então, combinar coisas distintas e até mesmo divergentes? A virtude é algo profundo, excelso, real, invicto, infatigável. O prazer é baixo, servil, fraco, efêmero, que age e habita nos bordéis e tavernas. A virtude você encontrará nos templos, no Fórum, na cúria, diante das muralhas, com mãos calejadas, queimadas de sol e sujas de terra. O prazer você encontrará normalmente bem escondido, nas sombras, nos banhos, saunas e espaços temidos pelos magistrados, cheios de pessoas suaves, fracas, moles e empapadas de cremes, pálidas ou maquiadas, embalsamadas com cosméticos.

04 _ O bem maior é imortal, não sabe como ir embora; não fica saciado nem arrependido. Uma mente correta, então, nunca vacila, nem é odiosa a si mesma; nem as melhores coisas mudam. Porém, o prazer extingue-se no momento em que mais nos deleita. Não tendo muito espaço, logo o preenche e torna-se tedioso, e murcha logo após o primeiro ímpeto. E nunca é definido pois sua natureza está em movimento. Não pode ter substância aquilo que vem e parte muito rápido, e que perecerá com seu próprio uso. Avança, ainda, com celeridade para o ponto em que cessa; e, enquanto começa, já olha para o fim.

CAPÍTULO 8

01 O que dizer, então, se há prazer tanto nas coisas boas quanto nas coisas más, e que os torpes deleitam-se em sua vileza não menos do que os honrados em seus feitos egrégios? O motivo pelo qual os antigos nos ensinaram a perseguir a melhor vida em vez da mais prazerosa foi para que o desejo fosse guia, companheiro da vontade boa e correta. Mas é a natureza que se deve usar como guia; é ela que a razão observa e consulta.

02 Assim, viver bem é o mesmo que viver de acordo com a natureza. E o que isso significa, logo mostrarei. Se conservarmos diligentemente e sem medo os dons do corpo e os elementos apropriados da natureza como se fossem fugazes e perecíveis; se não nos submetermos à servidão; se as coisas alheias não nos possuírem; se as coisas agradáveis ao corpo, vindas de fora, quando nele tomarem lugar, como se fossem soldados auxiliares e leves no campo de batalha, não nos dominarem,

mas nos servirem — finalmente tudo isso será, assim, útil para a mente.

03 — Que o homem seja incorruptível pelos externos e insuperável, admirador apenas de si mesmo, "confiante no espírito e preparado para ambas as coisas",[3] um artífice da vida. Que sua confiança não seja sem conhecimento; que seu conhecimento não seja sem constância; que suas decisões, uma vez tomadas, permaneçam para si; e que nenhum de seus decretos seja alterado. Compreende-se, mesmo sem que eu acrescente, que um tal homem será bem composto e bem ordenado, e que em tudo que fizer será magnífico e gentil.

04 — Que a razão seja estimulada pelos sentidos, e que tome daí seus princípios. Certamente não há outro lugar de onde tirar sua vontade, de onde receba seu ímpeto para a verdade. Que, então, a razão se volte para si. Pois mesmo o mundo que abarca todas as coisas e deus, o regente do universo, tendem, de fato, para as coisas externas, ficando, porém, voltados para dentro, para si mesmos. Que nossa mente faça o mesmo: quando tiver seguido os sentidos e tiver se estendido às coisas externas através deles, que tenha poder sobre eles e sobre si.

05 — É desse modo que uma única força e um único poder serão criados, em harmonia, e que nascerá aquela razão bem definida, não dissidente, nem hesitante em suas opiniões, em suas compreensões e em sua persuasão.

Quando essa razão se ordenou e consentiu em suas partes e, tal como eu diria, harmonizou-se, assim atingiu o bem maior. Nada de depravado, nada de lúbrico sobra, nada contra o que se bater ou em que escorregar. Tudo ela fará de acordo com seu comando e nada acontecerá de imprevisto, mas tudo que for feito resultará no bem, com facilidade, com preparação e sem tergiversação do agente. Pois a indolência e a hesitação demonstram o conflito e a inconstância.

06 _ Por isso, você pode aceitar com confiança que o bem maior é a concórdia do espírito. As virtudes deverão estar onde estiverem a unidade e o consenso. Os vícios é que são discordantes.

CAPÍTULO 9

01 "Contudo", dirá nosso oponente,[4] "você cultiva a virtude por esperar que dela venha algum prazer." Primeiro, mesmo que a virtude venha a trazer algum prazer, não é por isso que a buscamos. Ela pode trazer ou não, mas não trabalha por ele. No entanto, seu esforço, embora em busca de outra coisa, também alcança o prazer.

02 Como num campo que tenha sido arado para os cereais, mas nascem flores aqui e ali; e, embora agradem aos olhos, um trabalho de tal monta não tenha sido realizado para essas plantas — outro foi o propósito do agricultor, mais importante —, tal prazer não foi o resultado nem a causa da virtude, mas um acessório, e não agrada porque deleita; mas, se agrada, também deleita.

03 O bem maior está no próprio julgamento e na disposição da melhor mente. Quando essa mente completou o seu percurso e se encerrou em suas fronteiras, o bem maior está consu-

mado e não deseja nada além disso. Pois não há nada fora da totalidade, não mais do que há além do fim.[5]

04 _ Assim, você erra quando me pergunta por que busco a virtude, pois pergunta, assim, o que está além do mais elevado. Você me pergunta o que eu quero da virtude. Eu a quero por si mesma porque não tem nada melhor; ela é a própria recompensa. Talvez isso não seja o bastante? Quando eu lhe digo que "o bem maior é o rigor inquebrantável do espírito, a Providência, o sublime, a sanidade, a liberdade, a concórdia e o decoro", mesmo assim você exige algo maior, a que essas coisas possam se referir? Por que você me fala do prazer? Eu busco o bem do homem, não do ventre, que é mais espaçoso no gado e nas feras!

CAPÍTULO 10

01 Então ele dirá: "Você distorce o que estou dizendo. Pois eu não nego que alguém possa viver com o prazer a não ser que viva ao mesmo tempo de forma honrada, o que não acontece com os animais ou com aqueles que medem o bem maior em termos de comida. Clara e abertamente, atesto que esta vida que chamo de prazerosa não pode ser alcançada senão com o acréscimo da virtude."

02 E quem ignora que os homens mais estúpidos estão fartos com esses seus prazeres? E que sua perversidade está repleta de prazeres e o próprio espírito sugere a si mesmo muitos tipos de prazeres depravados? Especialmente a insolência; uma valorização excessiva de si; a arrogância que os carrega para cima de todos os outros; um amor cego e improvidente por seus bens materiais; um fluxo de deleites e uma exultação por causas minúsculas e pueris; uma verbosidade, uma soberba em insultar com prazer; uma preguiça, uma dissolução

de uma mente apática, que mal consegue ficar desperta?

03 _ A virtude chacoalha todas essas coisas e dá um puxão de orelha, avaliando os prazeres antes de admiti-los, e não valoriza muito as que não aprova, contentando-se não com seu uso, mas com a moderação nesse uso. E a temperança, ao diminuir os prazeres, restringe o bem maior. Você se regozija com os prazeres, eu os restrinjo; você goza do prazer, eu faço uso dele; você o considera o bem maior, e eu não o considero sequer um bem; você faz tudo por causa do prazer, e eu, nada.

CAPÍTULO 11

01 _ Quando digo que nada faço por causa do prazer, eu me refiro àquele sábio que admite que sente prazer. Porém, não chamo de sábio alguém que tenha algo acima de si, muito menos o prazer: se ele está preocupado com isso, de que modo resistirá ao sofrimento e ao perigo, à pobreza e às armadilhas que cercam a vida humana de todos os lados? De que modo suportará a imagem da morte, as dores, o estraçalhar do mundo e um enorme número de inimigos violentíssimos, sendo vencido por adversário tão molenga? "Ele fará o que quer que o prazer o tenha persuadido a fazer." Mas, ora, você não vê quantas coisas o prazer tentará convencê-lo a fazer?

02 _ "Não poderá convencer a fazer nada torpe, pois está unido à virtude." De novo, você não vê que espécie de bem maior é o que tem necessidade de um guardião para que seja de fato bom? E como a virtude governará o prazer, se

SOBRE A VIDA FELIZ   37

ela vier atrás dele, visto que seguir é para os que obedecem, e reger é para os que comandam? Você prefere colocar o que manda atrás? Vê-se que a virtude tem mesmo um ofício muito elevado: o de provar antes os prazeres!

03_ Veremos, então, se a virtude ainda habita junto a vocês, onde foi tratada de forma tão insultuosa. A virtude não pode avançar até onde não pode manter o seu nome, se perder o seu território. Nesse meio-tempo, mostrarei que muitos foram sitiados pelos prazeres, esses em quem a fortuna derramou todos os seus dons, e que você terá que admitir que são maus.

04_ Veja Nomentano e Apício[6] digerindo o que chamam de "bens" das terras e do mar, passando em revista sobre as suas mesas animais de todos os povos e lugares. Veja esses mesmos homens olhando seu banquete de cima de uma pilha de rosas, seus ouvidos com os sons das vozes, seus olhos cheios de estupefação, seus palatos deleitando-se com sabores. Seus corpos inteiros são bombardeados com estímulos calmos e suaves e, para que seus narizes não parem de sentir, vários aromas são aspergidos no salão onde são realizados sacrifícios à luxúria. Esses você dirá que estão imersos em prazeres. Mas isso não acabará bem para eles, já que não gozam com o bem.

CAPÍTULO 12

01 _ "Será ruim para eles", dirá, "pois passam por muitas coisas que perturbarão seus espíritos, e opiniões contrárias inquietarão suas mentes." Concordo que seja dessa forma, mas, mesmo assim, sendo estúpidos, iníquos, sujeitos a golpes do arrependimento, esses ainda assim gozarão de enormes prazeres. Por isso, devemos admitir que estão tão afastados de tudo que é desagradável quanto de uma boa mente, e, o que acontece com muitos, que eles enlouquecem com uma loucura jocosa e que riem enquanto estão em fúria.

02 _ Por outro lado, os prazeres dos sábios são contidos, modestos e bastante frágeis. São restritos e um tanto imperceptíveis, de modo que vêm sem serem convocados e, uma vez que o fazem por conta própria, não são tidos em grande estima, nem recebidos com prazer por aqueles que os percebem, pois os sábios os misturam e os espargem em suas vidas, assim como salpicam as coisas sérias com os divertimentos ou os gracejos.

03_ Portanto, que eles parem de unir coisas que não convêm, de implicar o prazer na virtude, com o que estimulam o vício em muitas pessoas péssimas. Aquele que está mergulhado nos prazeres, sempre arrotando de bêbado, crê que vive também em virtude por saber que está vivendo em prazeres. Isso porque ouviu que não é possível separar o prazer da virtude, e então inscreve a sabedoria em seus vícios, pronunciando coisas abjetas.

04_ Dessa forma, eles não caem em luxúria impelidos por Epicuro, mas, dedicados aos vícios, camuflam sua luxúria no seio da filosofia e acorrem ao local onde ouvem o prazer ser louvado. Não consideram o quanto aquele prazer de Epicuro — por Hércules, ao menos é assim que eu o percebo — é sóbrio e seco; antes, saem voando até o nome dele, em busca de um certo patrocínio e um tipo de véu para suas luxúrias.

05_ Assim, eles perdem a única coisa boa em seus males: a vergonha pelos seus erros. Pois louvam as coisas pelas quais costumavam corar, vangloriam-se com o vício; por isso mesmo não é possível que ressurja a penitência quando um título de moralidade é dado a uma preguiça torpe. É por isto que o louvor ao prazer é perigoso: os preceitos morais estão escondidos no interior, e o que corrompe é o que aparece.

CAPÍTULO 13

01 — Eu mesmo sou da opinião — e direi isso sabendo que nossos colegas estoicos ficarão contrariados — de que Epicuro ensinava o que era correto e sagrado e, se você observar mais de perto, também o que era severo. Aquele prazer restringe-se ao pequeno e ao esguio, e o que nós propomos como lei para a virtude ele propõe para o prazer: ele o obriga a obedecer à natureza. E o que é o bastante para a natureza é pouco para a luxúria.

02 — Então, o que acontece? Todo aquele que chama de felicidade o ócio preguiçoso e a alternância entre gula e luxúria busca uma boa autoridade para algo mau, e, quando chega induzido pelo nome brando, o prazer que segue não é o que ouve, mas o que traz junto; e, quando começa a considerar seus vícios como semelhantes a preceitos, indulgencia neles não de forma tímida nem em segredo, mas já se entrega a eles luxuriante e, a partir daí, com

a cabeça descoberta. Assim, não direi o que a maioria dos nossos colegas dizem, que a seita de Epicuro é a precursora do que é vergonhoso, mas digo o seguinte: ela é criticada e sua fama é ruim, mas sem merecer.

03 _ Porém, quem pode saber disso sem ter sido admitido como um deles? Sua própria fachada dá espaço a histórias e estimula más esperanças. É como um homem muito forte vestindo um vestido: seu pudor e sua virilidade estão intactos; seu corpo não demanda nada torpe; mas leva um tamborzinho nas mãos![7] Escolha-se um título honrado e uma inscrição que excite o espírito. A que existe foi criada pelos vícios.

04 _ Todo aquele que se aproxima da virtude deu uma amostra de sua índole nobre. Aquele que segue o prazer parecerá frágil, alquebrado, degenerado, que avança rapidamente às coisas torpes, a não ser que alguém distinga para ele os tipos de prazer, para que saiba quais estão confinados entre os desejos naturais e quais são levados adiante e são infinitos, de modo que, quanto mais são preenchidos, mais estão vazios e impreenchíveis.

05 _ Vamos lá: que a virtude venha em primeiro lugar, e todas as suas pegadas serão seguras. E o prazer é prejudicial quando é excessivo. Na virtude, não se deve temer o exagero, pois há um limite nela mesma. Não é bom aquilo que se esforça em sua própria magnitude.

Além disso, para aqueles a quem se atribuiu uma natureza racional, o que se pode propor de melhor do que a razão? E se tal união é do seu agrado, se você quer alcançar a vida feliz com essa companhia, que a virtude vá na frente, acompanhada pelo prazer, orbitando o corpo tal como uma sombra. De fato, entregar a virtude, a mais excelsa senhora, como serva do prazer é atitude de alguém que não concebe nada de grandioso em seu espírito.

CAPÍTULO 14

01 — Que a virtude seja a primeira e porte esses símbolos. Mesmo assim, teremos prazer, mas seremos seus senhores e moderadores; poderá conseguir algo de nós se pedir, nunca à força. Todavia, os que concederam primazia ao prazer ficam sem ambos: pois perdem a virtude e eles mesmos não têm o prazer restante, mas o prazer é que os possui. Ou são torturados pela falta ou estrangulados pelo excesso; míseros se são abandonados pelo prazer, mais míseros ainda se atropelados por ele, assim como os que são presos pelo mar de Sirte[8] estão ora em terra firme, ora arrastados pela torrente das águas.

02 — Isso acontece pelo excesso de intemperança e por um amor cego por algo. Pois é perigoso que os que buscam coisas más no lugar das boas as obtenham. Assim como quando caçamos as feras com grande esforço e risco, e a posse daquelas capturadas é algo incômodo — pois com frequência elas estraçalham seus

senhores —, assim se comportam os grandes prazeres: fazem um grande mal quando estão longe e, capturados, capturam. Quanto maiores e mais numerosos são, menor é aquele homem que a multidão considera feliz, e maior é a quantidade de coisas de que ele é escravo.

03 _ Gostaria de permanecer ainda com a mesma imagem dessa situação: aqueles que procuram os covis das bestas e consideram algo grandioso "capturar as feras com o garrote" e "circundar os amplos bosques com cães"[9] a fim de farejar seus rastros abandona coisas muito mais importantes e renuncia a muitos deveres. Assim, aquele que persegue insistentemente o prazer deixa tudo para trás e negligencia antes de tudo a liberdade, gasta tudo em favor de seu ventre, e não compra os prazeres para si, mas vende a si mesmo para os prazeres.

QUE O BEM MAIOR
ASCENDA ATÉ
ONDE NENHUMA
FORÇA O DESLOQUE

CAPÍTULO 15

01 _ "Mas então", ele diria, "o que impede que virtude e prazer sejam fundidos em uma só coisa, tornando-se, assim, o bem maior, sendo ao mesmo tempo agradável e honrado?". Porque uma parte do honrado não pode ser senão honrado e o bem maior não terá sua integridade se perceber que há algo em si que é diferente do melhor.

02 _ E a alegria que provém da virtude, embora seja algo bom, ainda assim não é parte do bem absoluto, não mais do que a alegria e a tranquilidade, mesmo que nasçam das causas mais belas. Pois essas coisas são bens, mas elas se seguem ao bem maior e não o completam.

03 _ Aquele que faz uma sociedade entre virtude e prazer, mas que seja desigual, pela fragilidade de um bem, enfraquece o que há de forte no outro, e subjuga a própria liberdade, que só é invencível se não reconhecer nada de mais precioso do que ela mesma. Porque ele começa a ter necessidade da fortuna, o que é a mais

profunda servidão. Segue-se uma vida ansiosa, suspeita, amedrontada, temente ao acaso, suspensa no tempo do momento. Você não dá um fundamento pesado, imóvel, à virtude, mas ordena a permanecer em um local instável. E o que é mais instável do que a expectativa do que é fortuito e a variabilidade do corpo e das coisas que afetam o corpo?

04 _ Como essa pessoa pode obedecer aos deuses e receber o que quer que aconteça com bom espírito, não reclamar do destino e ser uma intérprete benevolente das coisas que acontecem consigo se é abalada pelas menores agulhadas dos prazeres e das dores? Pois ela nem será uma boa guardiã ou vingadora da pátria, nem uma defensora dos amigos, se ela converge em direção aos prazeres.

05 _ Portanto, que o bem maior ascenda até onde nenhuma força o desloque, para onde não seja alcançado nem pela dor, nem pela esperança, nem pelo medo, nem por nada que deteriore sua lei. Até ali, só a virtude pode ascender. O duro aclive deve ser vencido pelos passos da virtude. A virtude ficará forte e suportará o que quer que aconteça, não apenas com paciência, mas também de boa vontade, e saberá que toda a dificuldade dos tempos é a lei da natureza, e que, para um soldado suportar os ferimentos, contará cicatrizes e, morrendo, atravessado pela lança, amará o comandante por quem cai. Terá no espírito aquele velho preceito: siga os deuses!

06 _ Contudo, todo aquele que geme, que reclama, que chora, é forçado a seguir ordens, arrastado contra a vontade a cumpri-las. Mas que demência é ser arrastado em vez de seguir. Por Hércules, que estupidez e ignorância de sua condição é se condoer por faltar algo a si ou porque algo mais duro aconteceu, assim como admirar-se com as coisas que acontecem tanto com os bons quanto com os maus, ou considerá-las indignas. Falo aqui de doenças, funerais, mutilações e outras coisas que nos abalam no transcurso da vida humana.

07 _ Tudo o que suportamos por conta da constituição do universo devemos observar com espírito elevado: fomos levados a esse julgamento, suportar as coisas mortais e não nos abalar quando não está em nosso poder evitá-las. Nascemos sobre o reino em que obedecer a deus é a liberdade.

A VERDADEIRA FELICIDADE ESTÁ NA VIRTUDE

CAPÍTULO 16

01 _ Dessa forma, a verdadeira felicidade está na virtude. O que essa virtude tem a oferecer? Considerar nem bom, nem mau o que não diz respeito nem à virtude, nem à maldade; em seguida, ficar imóvel contra o mal e moldar, na medida do que é permitido, uma imagem de deus.

02 _ E o que a virtude promete a você em troca dessa expedição? Recompensas enormes e semelhantes às coisas divinas. Sem forçá-lo a nada, você de nada sentirá falta, será livre, estará seguro, isento de perigos. Nada que tentar será em vão, nada o impedirá. Tudo se passará de acordo com a vontade, nada de adverso acontecerá, nada contra a opinião ou a vontade.

03 _ "O quê? Então basta a virtude para se viver feliz?" E como não bastaria, sendo perfeita e divina, até mesmo transbordante? Pois o que pode faltar a algo colocado além dos desejos de todas as coisas? O que de fora é necessário

para aquele que tem todas as suas coisas em si? Mas para quem tende à virtude, mesmo avançando muito, há a necessidade de alguma indulgência da fortuna enquanto luta entre as coisas humanas, até que desate esses nós e todos os laços mortais. Mas por que isso interessa? Porque uns estão agrilhoados; outros, amarrados; outros, mais estirados no potro; mas aquele que avançou em direção às coisas mais elevadas e se alçou a alturas maiores traz as correntes mais relaxadas, ainda que não livre, mas já como se o fosse.

CAPÍTULO 17

01 _ Se algum desses que vivem ladrando contra a filosofia disser, como eles costumam dizer: "Então por que você fala com mais vigor do que vive? Por que abaixa a voz para os superiores e estima o dinheiro como um instrumento necessário? Por que se condói por alguma perda e derrama lágrimas ao saber da morte do cônjuge ou do amigo? Por que se preocupa com sua reputação e se deixa atingir por palavras malignas?

02 _ "Por que sua fazenda é mais cultivada do que o uso natural demanda? Por que seus jantares não são de acordo com os seus preceitos? Por que seus móveis são tão brilhantes? Por que na sua casa se bebe vinho de uma safra mais velha que você? Por que há ouro disposto em sua casa? Por que foram plantadas árvores que fornecem apenas sombra? Por que sua esposa leva nas orelhas tesouros dignos de uma casa de ricos? Por que os meninos na escola de escravos se vestem

com roupas suntuosas? Por que na sua casa o serviço de copeiras é uma arte e a prataria é disposta não de maneira espontânea, mas servida com perícia, e por que há um mestre--talhador de banquetes?" Pode acrescentar, se quiser: "Por que você tem posses além do mar? Por que tem mais coisas do que se tem notícia? Por que é tão torpemente negligente a ponto de não conhecer nem mesmo alguns servos e tão luxurioso que tenha mais deles do que consiga reter em sua memória?"

03 — Mais tarde ajudarei com mais acusações e lançarei contra mim mais do que você consegue imaginar, mas agora respondo o seguinte: "Não sou sábio e, para alimentar a sua malevolência, também não serei. Exija de mim, então, não que eu seja igual aos melhores, mas melhor que os maus. É o bastante para mim retirar algo de meus vícios todos os dias e reprovar os meus erros."

04 — "Eu não alcancei a saúde, e de fato não alcançarei. Estou preparando paliativos, e não remédios, para a minha gota, e me contento se ela vier mais raramente e se doer menos. Mas, comparado com os seus pés, que são débeis, eu sou um corredor." Não falo isso em meu favor — pois eu mesmo estou afundado em todos os vícios —, mas em favor daquele que realizou alguma coisa.

CAPÍTULO 18

01 _ "Você fala de um jeito e vive de outro", você me diz. Essa objeção, de sua cabeça maligna e inimiga dos melhores, foi feita contra Platão, contra Epicuro, contra Zenão. Mas todos falavam não sobre como eles mesmos viviam, mas sobre como deveriam viver. Falo da virtude, não de mim, e, quando acuso os vícios, acuso principalmente os meus.

02 _ Quando puder, viverei do modo que devo. Nem essa malignidade tingida com muito veneno vai me afastar das melhores coisas. Nem essa peçonha que você lança sobre os outros, com a qual se mata, me impedirá de perseverar a louvar a vida, não a que eu levo, mas a que sei que deve ser levada, ou de adorar a virtude e segui-la me arrastando mesmo a uma grande distância.

03 _ Devo esperar que tal malevolência mantenha alguém inviolado, quando nem Rutílio nem Catão foram respeitados? Deveria alguém se preocupar se se parece rico demais àqueles a

quem Demétrio, o Cínico, não é pobre o suficiente? Um homem vigoroso, que luta contra todos os desejos da natureza, mais pobre do que todos os outros cínicos, pois, quando se proibiram de ter posses, ele se proibiu de buscá-las, e negam que ele careça o suficiente! Pois veja você: ele ensinava não a ciência da virtude, mas a da pobreza.

CAPÍTULO 19

01 _ Dizem que Diodoro, filósofo epicurista que há poucos dias pôs fim à vida com as próprias mãos, não agia de acordo com o decreto de Epicuro, por ter cortado a própria garganta. Alguns querem que esse ato seja visto como demência; outros, como temeridade. Ele, nesse meio-tempo, feliz e pleno de boa consciência, deu um testemunho de si enquanto abandonava a vida e louvou a quietude de uma vida passada no porto e na âncora, e falou o que você ouviu, contrariado, como se também tivesse que fazer: "Eu vivi e fiz o caminho que o destino cedeu".[10]

02 _ Você discute sobre a vida de um e a morte de outro, e ladra, como um cachorrinho, quando vê pessoas desconhecidas, para a reputação de homens grandiosos por conta de alguma glória exímia. Pois você se desonera se ninguém parece bom, como se a virtude alheia fosse uma reprovação de todos os seus delitos. Compara coisas esplêndidas com seus atos sórdidos, e

não entende o quanto perde com essa ousadia. Pois se aqueles que seguem a virtude forem avarentos, libidinosos e ambiciosos, quem será você, para quem o próprio nome da virtude é odioso?

03 _ Você nega que haja alguém que cumpra aquilo que diz ou que viva de acordo com seu próprio discurso. Isso não surpreende, já que falam coisas fortes, grandiosas, que se afastam de todas as tempestades humanas. Quando tentam se desvencilhar de suas cruzes — nas quais cada um prega os próprios pregos —, eles são levados mesmo assim ao suplício e pendurados cada um em seu poste. Aqueles que cuidam apenas de si são amarrados em tantas cruzes quantos são os seus desejos. Mas continuam maledicentes e magníficos na hora de insultar os outros. Eu acreditaria que eles teriam tempo de fazer isso, se não estivessem no alto de suas cruzes, cuspindo nos espectadores.

ADMIRE OS QUE TENTAM COISAS GRANDIOSAS, MESMO QUANDO CAEM

CAPÍTULO 20

01 _ "Filósofos não fazem o que falam." Na verdade, fazem muito do que falam, e o concebem com uma mente virtuosa. Pois então, se agissem de forma semelhante às coisas que dizem, o que seria mais feliz para eles? Por isso, não há motivo para que você despreze suas boas palavras e seus corações cheios de bons pensamentos. Seu empreendimento de estudos salutares deve ser louvado, mesmo quando fica aquém do efeito esperado.

02 _ Por que seria de se admirar, então, que aqueles que avançam pelas encostas árduas não logram chegar até o alto? Se você é um homem, admire os que tentam coisas grandiosas, mesmo quando caem. É uma coisa nobre, confiando não nas forças, mas nas forças da sua natureza, tentar coisas elevadas e conceber na mente coisas mais elevadas do que as que podem ser realizadas até mesmo por aqueles adornados com um espírito grandioso. Aquele que propõe a si o seguinte:

03 _ "Encararei a morte com a mesma expressão com que encaro uma comédia. Eu me submeterei aos meus labores, não importa o quão grandes sejam, apoiando meu corpo com meu espírito. Desprezarei as riquezas igualmente, tanto as presentes quanto as ausentes, e não ficarei mais triste se estiverem longe, nem mais animado se fulgurarem ao redor de mim. Não serei sensível à fortuna, nem quando se aproxima, nem quando se afasta. Sempre verei todas as terras como minhas e a minha como de todos. Viverei como se soubesse que nasci para os outros e, em nome disso, agradecerei à natureza das coisas. Pois de que modo ela poderia cuidar dos meus interesses de forma melhor que essa? Ela me doou, sendo um, a todos; e todos a mim.

04 _ "O que quer que eu tenha, não guardarei com vileza nem esbanjarei com prodigalidade. Acreditarei que possuo apenas aquilo que tenha sido bem ofertado. Avaliarei benefícios não pelo número, nem pelo peso, e por nenhum outro critério senão o de quem o receberá. Nunca me será demais se alguém digno receber algo. Não farei nada por causa das opiniões, mas farei tudo pela consciência. Tudo que eu fizer pela consciência o farei acreditando que as pessoas estão olhando.

05 _ "Os limites do que eu for comer ou beber serão definidos pelos desejos da natureza, e não pelo encher e esvaziar de minha barriga.

06 _ "Serei agradável com meus amigos e suave e tranquilo com meus inimigos. Serei convencido antes de ser ordenado, e correrei a atender a pedidos honrados. Saberei que o mundo é a minha pátria, e que seus guardiões são os deuses, que ficam sobre mim e ao redor, os censores de meus ditos e feitos. E, quando a natureza chamar meu espírito de volta ou a razão o mandar embora, irei testemunhando que amei minha boa consciência, meus bons estudos, sabendo que a liberdade de ninguém foi diminuída por mim, muito menos a minha." Aquele que propuser fazer essas coisas, que quiser e tentar, trilhará o caminho até os deuses. E ele, mesmo que não os alcance, "cai com grande ousadia".[11]

07 _ Vocês, de fato, ao odiarem a virtude e aquele que a cultiva, não fazem nada de novo. Pois olhos doentes temem o sol, e os animais noturnos dão as costas ao dia esplêndido, espantados com os primeiros raios, buscando suas tocas aqui e ali, ou, com medo da luz, escondem-se em fendas quaisquer. Gemam, exercitem suas línguas infelizes com invectivas contra os bons, abram a boca, mordam: vocês vão quebrar os dentes muito antes de deixar alguma impressão.

CAPÍTULO 21

01 _ "Mas então por que esse homem é um estudioso de filosofia e leva uma vida de riqueza? Por que diz que as riquezas devem ser desprezadas mas as possui? Diz que se deve desprezar a vida, mas ainda assim a vive? Que a saúde deve ser desprezada, contudo cuida da sua com extrema diligência e prefere que esteja em seu melhor estado? Acha que exílio é só uma palavra vazia e diz 'qual é o mal em ter que mudar de região?', mas, se puder, envelhece em sua pátria? E julga que não há diferença entre um tempo mais longo e um mais breve, porém, se nada o proíbe, estende sua vida e medra, plácido, em uma longa velhice?"

02 _ Ele diz que essas coisas devem ser desprezadas não para não as possuir, mas para não as possuir com preocupação. Não as afasta de si, mas, quando elas se afastam, ele as vê passar com tranquilidade. De fato, onde a fortuna poderá armazenar as riquezas de

forma mais segura do que no lugar de onde pode ser recobrada sem reclamação daquele que a devolve?

03 _ Marco Catão, quando louvava Cúrio e Coruncânio, naquela época em que era um crime censorial ter umas poucas moedas de prata, possuía, ele mesmo, quatro milhões de sestércios, sem dúvida menos do que tinha Crasso, porém mais do que Catão, o Censor.[12]

04 _ Se compararmos, ele ultrapassava seu ancestral por maior quantia do que era ultrapassado por Crasso. Contudo, se lhe chegassem mais riquezas, ele não as desprezaria. Pois o sábio não se considera indigno de quaisquer presentes da fortuna. Não ama as riquezas, mas prefere tê-las. Não as recebe no espírito, mas em casa. Uma vez possuídas, não as joga fora, mas as guarda e deseja administrar mais ingredientes à sua virtude.

CAPÍTULO 22

01 _ Pois que dúvida há no fato de que nas riquezas há mais material para o sábio aplicar seu espírito do que na pobreza, já que nesta o único tipo de virtude será não se prostrar ou se deprimir, enquanto na riqueza há um campo aberto para a temperança, a liberalidade, a diligência, a disposição e a magnificência?

02 _ O sábio também não se desprezará, mesmo se for de baixa estatura, mas desejará ser mais alto. E permanecerá forte mesmo se seu corpo for frágil ou se perder um olho, preferindo, claro, ter um corpo mais robusto, ainda que saiba ter algo mais forte em si. A má saúde ele tolerará, mas a boa desejará. Há coisas que, mesmo pequenas num grande panorama, podem ser subtraídas sem a ruína do bem principal e acrescentam algo à felicidade perpétua que nasce da virtude.

03 _ As riquezas afetam e animam o homem, assim como o vento favorável conduzindo o

navegante, ou quando há um belo dia e um ponto ensolarado no meio do inverno profundo.

04 _ Quem, de fato, entre os sábios — e falo dos nossos sábios, para os quais a virtude é o único bem — nega que até mesmo as coisas que chamamos de indiferentes têm algum valor em si e que são preferíveis a outras? A algumas dessas coisas atribui-se um pouco de honra; a outras, muita. E, para que você não se engane, a riqueza está entre as coisas preferíveis. "Por que, então, você ri de mim quando a riqueza tem o mesmo papel para você que tem para mim?", você diz.

05 _ Quer saber como o papel não é o mesmo? Para mim, se for embora, a riqueza não levará nada a não ser a si mesma; enquanto você ficará pasmo, parecerá que foi abandonado por si mesmo, se ela o abandonar. Para mim, a riqueza tem alguma importância, mas para você ela tem a máxima importância. No fim das contas, sou dono da minha riqueza, mas a sua é dona de você.

NINGUÉM SENTENCIOU A SABEDORIA À POBREZA

CAPÍTULO 23

01 Assim, deixa de proibir os filósofos de terem dinheiro: ninguém sentenciou a sabedoria à pobreza. O filósofo terá amplas posses, mas não terão sido roubadas de ninguém, nem manchadas de sangue algum, mas sim conquistadas sem injúria, sem lucros sórdidos. Sua partida será tão honrada quanto sua chegada, e ninguém se lamentará por ela senão alguém maligno.

02 Pode empilhar as riquezas à vontade: são honradas aquelas que, mesmo sendo muito numerosas, ninguém pode chamar de suas, pois nada há que alguém possa de fato chamar de seu. O filósofo não afastará de si a benignidade da fortuna, nem se vangloriará ou se envergonhará por um patrimônio conquistado honestamente. Ele terá, sim, algo de que se vangloriar se, ao abrir sua casa e admitir que o povo veja sua riqueza, puder dizer: "Se alguém reconhecer algo seu, pode levar".

03 _ Que homem grandioso, rico da melhor maneira, se, depois de dizer isso, ainda possuir o mesmo tanto! O que eu digo é: se oferecer ao povo a possibilidade de vistoriar seus bens e ninguém encontrar algo ali em que possa pôr as mãos, ele será rico pública e orgulhosamente. O sábio não admitirá que nenhum denário entre em sua casa se entrar mal. Mas ele mesmo não repudiará ou excluirá as grandes riquezas, os presentes da fortuna, os frutos da virtude: qual seria a razão para lhes negar um bom lugar?

04 _ Que venham e sintam-se em casa. Ele não as deixará em qualquer lugar, nem as esconderá, pois uma coisa é resultado de um espírito descabido, e outra, de um temeroso e patético, como se o grande bem estivesse guardado em seu cofre. Também, como disse, não as jogará para fora de sua casa. O que ele dirá, então? Que a riqueza é inútil ou que não sabe usar a riqueza? Assim como alguém pode percorrer um caminho com os próprios pés, mas prefere ir em um veículo, mesmo que possa ser pobre, ele preferirá ser rico.

05 _ Assim, terá posses, mas as tratará como se fossem leves e voláteis, e não suportará que sejam pesadas para si nem para outrem. Ele as doará — por que você já animou os ouvidos? Por que está abrindo os bolsos? Ele doará aos bons ou àqueles que puder

tornar bons; doará selecionando com grande cuidado os mais dignos, uma vez que se lembra de que deve manter um registro do que gasta e do que ganha; doará por motivos corretos e elogiáveis, pois um mau presente está entre as perdas torpes. Seus bolsos serão acessíveis, mas não furados, e muito sairá deles, mas nada cairá.

CAPÍTULO 24

01 _ Se alguém acha que é fácil doar, erra. Tal ato é cheio de dificuldades, quando se decide doar com razoabilidade, e não ao acaso e de forma impetuosa. Para uns, eu concedo um mérito, um favor; para outros, devolvo. A este eu socorro; do outro sinto pena. Alguns eu mantenho por serem dignos de que a pobreza não os desvie do caminho nem os mantenha ocupados. A alguns não doo, mesmo que estejam em necessidade, pois, mesmo que assim o faça, ainda lhes faltará. A alguns eu oferecerei, a outros eu forçarei que recebam. Não posso ser negligente nesse assunto. Nunca me preocupo mais com o registro dos nomes das pessoas do que quando faço doações.

02 _ "O quê? Então doa esperando receber algo de volta?", pergunta você. Na verdade, esperando não desperdiçar; que a doação vá para um lugar em que não deva ser pedida novamente, e de onde possa ser devolvida. Que o favor seja depositado como se fosse

um tesouro enterrado bem fundo, que não se deve desenterrar a não ser que seja necessário. Então? Como a própria casa do homem rico tem material abundante para fazer o bem!

03 _ Pois quem advoga que a generosidade deva ser dirigida apenas aos que usam toga? A natureza me obriga a ser útil aos homens. Que importa se escravos ou livres, se libertos ou nascidos livres, possuidores de liberdade dada pela justiça ou pelos amigos? Onde quer que esteja um ser humano, ali é o local para um favor. Assim, o dinheiro pode ser distribuído até mesmo entre seus muros e exercer a liberalidade, assim chamada não porque é devida aos livres, mas por advir de um espírito livre. Na casa do sábio, ela nunca é impingida aos torpes e indignos, nunca erra assim cansada que não flua com toda vazão cada vez que encontra alguém digno.

04 _ Não há motivos, portanto, para vocês ouvirem errado o que é dito de forma honrada, corajosa e animosa pelos estudiosos da sabedoria. Atenta a isto primeiro: uma coisa é o estudioso da sabedoria; outra é o que alcançou a sabedoria. Aquele lhe dirá: "Falo da melhor maneira, mas ainda sou arrastado por muitos males. Não há por que você exigir que eu cumpra meu método, quando estou me fazendo e me formando, me elevando como um enorme exemplo. Se eu avançar até onde me propus,

exija, então, que meus atos correspondam a meus ditos". Mas aquele que atingiu o auge do bem humano agirá com você de outra forma e dirá: "Primeiro, não deve se permitir julgamentos sobre os melhores que você. A mim já aconteceu de desagradar os maus, uma prova de que estou certo".

Mas, para lhe dar a razão que não nego a mortal algum, ouve o que eu prometo e o quanto estimo todas as coisas. Nego que a riqueza seja algo bom; se fosse, tornaria boas as pessoas. Agora, uma vez que aquilo que se vê entre os maus não pode ser chamado de bem, nego esse nome à riqueza. De toda forma, confesso que ela deva ser conquistada, é útil e traz grandes comodidades para a vida.

CAPÍTULO 25

01 _ Ouça, então, o motivo pelo qual não considero a riqueza parte dos bens, e o que atribuo a ela de diferente de você, ainda que concordemos que deva ser conquistada. Pode me colocar na casa mais rica de todas, coloque ouro e prata onde seu uso seja comum; não me acharei melhor por conta dessas coisas que, embora estejam comigo, estão também fora de mim. Leve-me para baixo da ponte Sublício[13] e jogue-me ali junto aos necessitados. Não vou me achar pior por ter sido colocado entre os que estendem suas mãos por esmolas. Que diferença faz, então, se alguém não tem um pedaço de pão ou não tem o poder de morrer? Prefiro, então, uma casa esplêndida à ponte.

02 _ Ponha-me entre mobília esplêndida e finos aparatos; não me considerarei mais feliz porque tenho vestimentas luxuosas, porque a púrpura pode ser estendida aos meus convivas. Agora mude a cena: não serei mais

infeliz se meu pescoço cansado repousar num montinho de feno; se eu me deitar sobre um colchão circense, que vai perdendo o velho recheio pelas frestas. Bem, prefiro, então, exibir o que levo no espírito bem-vestido e bem calçado do que com ombros desnudos e pés descalços.

03 _ Que os meus dias todos avancem de acordo com meus votos; que novas alegrias sigam--se às velhas; não me congratularei por isso. Mude-se essa indulgência do tempo para o seu contrário, e o espírito será golpeado por todos os lados pelo dano, pelo luto, por assaltos variados, e não terei um minuto sem sofrimento; nem por isso me considerarei o mais infeliz dos homens entre as coisas mais infelizes; nem por isso execrarei os meus dias, pois tomei providências para que nenhum dia conte como um dia nefasto.[14] E então? Prefiro moderar os prazeres a aplacar as dores.

04 _ Sócrates lhe dirá o seguinte: "Tornem-me vencedor de todas as gentes, e que o luxuoso carro de Líber me conduza em triunfo desde o Oriente até Tebas; que os reis busquem as leis junto a mim; saberei sempre que sou um homem, até quando for saudado por todos como um deus.[15] E logo depois acrescente a essa honra enorme uma transformação radical. Que eu seja usado como adorno na pompa de outro, soberbo e feroz; não serei mais humilde sendo arrastado sob o carro de

outro do que quando seguia em pé à frente do meu". E então? Também prefiro vencer a ser capturado.

05 _ Desprezarei todo o reino da fortuna, mas, se me for dada uma escolha, preferirei o melhor. Tudo aquilo que vier para mim se tornará bom, mas às coisas ruins prefiro as mais fáceis e mais agradáveis, menos complicadas de lidar. Não há por que estimar que alguma virtude venha sem esforço: algumas precisam de esporas; outras, de freios.

06 _ Da mesma forma que um corpo na descida precisa ser contido e, ao contrário, em uma encosta árdua precisa ser empurrado, assim algumas virtudes estão descendo a ladeira; outras, subindo. Ou por acaso há alguma dúvida de que há o que escalar, que há de se esforçar, há que se batalhar, sofrer, ser forte, perseverante, e muitas outras coisas que se opõem à dura virtude e que sobrepujam a fortuna? E então?

07 _ Não é evidente que, ladeira abaixo, também há liberalidade, temperança e mansidão? Com esta última devemos conter nosso espírito, a fim de que não escorregue, enquanto nas outras o exortamos e incitamos ferozmente. Dessa forma, contra a pobreza, empregaremos as virtudes que sabem lutar, as mais corajosas; e contra a riqueza, as que são mais diligentes, que dão pequenos passos e suportam o próprio peso.

08 _ Quando dividimos as coisas assim, prefiro fazer uso daquelas que podem ser exercidas com mais tranquilidade do que aquelas cuja experiência é a do sangue e do suor. "Então, não vivo diferente do que falo", diz o sábio, "mas são vocês que ouvem diferente. Somente o som das minhas palavras chega aos seus ouvidos: mas vocês não procuram saber o que significam".

CAPÍTULO 26

01 _ "Qual é a diferença, então, entre mim, um tolo, e você, um sábio, se ambos queremos ter posses?". Enorme; a riqueza, entre os ricos, está na servidão; entre os tolos, no comando. O sábio não permite nada à riqueza, e a riqueza permite tudo a vocês. Você, como se alguém tivesse prometido que teria posse eterna da riqueza, se acostuma e se apega a ela. O sábio, porém, sempre pensa muito na pobreza, mesmo quando está no meio das riquezas.

02 _ Um general nunca confia tanto na paz que não se prepare para a guerra, que, mesmo se não estiver sendo travada, foi proclamada. Você, insolente, fica deslumbrado com uma bela casa, como se ela não pudesse pegar fogo ou ruir; com as posses, como se transcendessem todo o perigo e como se fossem maiores do que aquilo que a fortuna tem forças para consumir.

03 _ Ocioso em meio à riqueza, você não se prepara para o risco de perdê-la, como os

bárbaros que, sitiados por muitos homens, e ignorantes das máquinas de guerra, observam com preguiça os esforços dos sitiadores, sem entender para que servem aquelas coisas construídas à distância. O mesmo acontece com você; debilitado por conta de tantas posses, não percebe a iminência de tantos perigos de todos os lados, achando que vai colher cada vez mais espólios.

04 _ Não importa quem leve embora todas as riquezas de um sábio, sempre deixará para trás todas as suas outras coisas; pois ele vive feliz no presente e seguro no futuro. "Não há nada", diz Sócrates, ou qualquer outro que tenha a mesma influência e o mesmo poder contra as coisas humanas, "de que eu mais tenha me persuadido do que não levar a minha vida de acordo com as suas opiniões. Podem trazer as palavras costumeiras de todos os lados; não pensarei que vocês estão me atacando, mas vagando como crianças miseráveis".

05 _ Isso dirá aquele que atingiu a sabedoria, a quem o espírito, imune aos vícios, ordena que reprove os outros, não por ódio, mas como um remédio. A essas coisas, acrescentará as seguintes: "Sua avaliação não me incomoda em meu nome, mas no seu, pois odiar e difamar a virtude com seu clamor é a abjuração de toda a esperança no bem. Você não me injuria; também não injuria os deuses aquele que arrasa seus altares. Mas o mau propósito aparece,

e também o mau plano, mesmo quando não podem prejudicar.

06 _ "Assim, aguento suas alucinações da mesma forma que Júpiter, o melhor e o maior, aguenta a inépcia dos poetas, alguns dos quais lhe impuseram asas; outros, chifres; outro o representou como um adúltero que passa a noite acordado; outro como muito feroz com os deuses; outro como iníquo para com os homens; outro como estuprador de nascidos livres e de parentes; outros como parricida e usurpador do reino alheio, até mesmo do paterno". Com tais coisas, nada conseguiram além de que o pudor de pecar diminuísse nos homens, se acreditassem que os deuses são assim.

07 _ "Contudo, mesmo que essas palavras não me firam, ainda aconselho, pelo seu próprio bem: observe a virtude, acredite naqueles que, tendo-a perseguido por muito tempo, proclamam que estão perseguindo algo grandioso e que parece maior a cada dia. Cultue-a como aos deuses, e também os que a professam assim como aos sacerdotes. 'Sempre que se fizer menção aos escritos sagrados, favoreça com sua língua'". Tal palavra não vem, como muitos acham, de *favor*, mas ordena o silêncio,[16] a fim de que o rito possa ser conduzido de forma adequada, sem nenhuma voz má perturbando. Tal ordem lhe é muito mais necessária a você, para que, toda vez que algo for proferido por aquele oráculo, escute com atenção, quieto.

Porém, sempre que alguém com um chocalho[17] diz mentiras ao cumprir sua função, sempre que algum perito em dilacerar seus membros[18] suja de sangue seus braços e ombros com a mão levantada, que alguma mulher rasteja pela rua ululando, que um velho vestido de linho, levando um ramo de louro e uma lanterna no meio do dia, sai gritando que algum deus está irado, "vocês logo correm, ouvem e afirmam que é algo divino, alimentando mutuamente seus estupores".

CAPÍTULO 27

01 _ Eis Sócrates, falando daquele cárcere que purificou só por ter entrado nele, e que tornou mais honesto do que toda cúria senatorial: "Que loucura é essa, que natureza inimiga dos deuses e dos homens, difamar as virtudes e violar o que é sagrado com discursos malignos? Se conseguirem, louvem os bons. Se não, passem reto. Pois se preferem exercer essa licença perniciosa, então lancem seus vitupérios uns contra os outros. Pois, quando lançam suas insanidades contra os céus, não lhes direi que cometem sacrilégio, mas sim que perdem seu tempo.

02 _ "Já forneci material para as chacotas de Aristófanes, e toda aquela corja de poetas cômicos derramou sua pilhéria envenenada em mim. Minha virtude foi iluminada, não manchada por elas; pois é melhor que seja alardeada e testada, e ninguém sabe melhor o tamanho da virtude do que aqueles que perceberam sua força ao tentar atacá-la. Ninguém

conhece melhor a dureza da pedra do que aquele que se feriu nela.

"Eu me ofereço não de outra forma senão como um rochedo longínquo no mar, em que as ondas não param de bater, de qualquer lado que venham, mas nem por isso conseguem retirá-lo do lugar nem o consomem com suas incursões constantes por tantas eras. Levantem-se, ataquem: eu os vencerei pela resistência. Tudo que ataca o que é firme e insuperável exerce suas forças para o próprio mal. Da próxima vez, procurem algo mais mole e permeável para enfiar suas lanças.

"Mas vocês têm mesmo o tempo de escrutinar os males alheios e emitir julgamentos sobre qualquer pessoa? 'Por que esse filósofo vive de forma tão luxuosa? Por que seus jantares são tão lautos?' Vocês ficam olhando as chagas dos outros, mas estão todos cobertos por úlceras. É como se alguém zombasse de verrugas e pintas nos corpos mais belos enquanto está coberto de crostas horrendas.

"Acusem Platão de ter buscado dinheiro, Aristóteles de ter aceitado, Demócrito de ter negligenciado, Epicuro de tê-lo usado. Acusem-me com Alcibíades e Fedro, e vocês vão se sair muito bem, tão logo consigam imitar até mesmo nossos vícios!

"Não seria melhor se olhassem para seus próprios defeitos, que penetram em vocês de todos os lados, alguns atacando de fora, outros ardendo nas próprias vísceras? As coisas humanas ainda não chegaram ao ponto em que, mesmo se tiverem pouca percepção da própria condição, reste tanto ócio que lhes deixe tempo para cansar a língua reprovando gente melhor que vocês".

CAPÍTULO 28

01 — "Isso você não entende, e leva uma expressão alheia à sua fortuna, assim como muitos que estão no circo ou no teatro sem saber que aconteceu alguma morte em família. Mas estou olhando de uma posição elevada, e vejo que as tempestades já estão se aproximando e logo mais vão irromper em aguaceiro ou que já estão bem próximas a ponto de arrastar todas as suas posses. O que mais? Pois, mesmo que não perceba, o furacão já não está levando seu espírito num turbilhão, você que foge das mesmas coisas e busca as mesmas coisas, seu espírito que ora está elevado às alturas, ora arrastado para baixo?"[19]

NOTAS

1 Algum epicurista, no caso.

2 Trata-se do corpo de doutrinas de Epicuro e dos epicuristas.

3 Citação de *Eneida*, 2.61, referindo-se ao grego Sídon, que tenta enganar os troianos e que sabe que pode ter sucesso ou morrer.

4 Um epicurista.

5 O fim aqui é espacial — "fim", "fronteira" —, mas também metonimicamente representa o "objetivo", *telos* do bem.

6 Cássio Nomentano era conhecido como glutão e esbanjador, e Gávio Apício foi um gastrônomo romano e provavelmente o autor do livro de receitas *De re coquinaria*.

7 O *tympanum* é um tambor associado aos sacerdotes castrados da deusa mãe Cibele.

8 Referência a um trecho do mar da costa africana da Líbia.

9 Passagens das *Geórgicas*, de Virgílio (1.139-40).

10 Virgílio, *Eneida*, 4.653. O verso é falado pela rainha Dido logo antes de seu suicídio, e Sêneca o cita também em outros textos.

11 Ovídio, *Metamorfoses*, 2.238, em que se refere à queda de Faetonte.

12 Marco Catão, o Jovem, bisneto de Catão, o Censor (o Velho).

13 Velha ponte de Roma, frequentada por mendigos.

14 Considerados dias de azar, *atri dies* são os dias depois das Calendas, das Nonas e dos Idos.

15 Líber, deus romano identificado com Dioniso, teria inventado o triunfo, ocasião em que os romanos homenageados eram sempre lembrados por um escravo de sua condição mortal com a expressão *memento mori*: "Lembre-se de que você vai morrer".

16 O verbo latino *faveo*, que significa em geral "favorecer", também tem o sentido de "manter o silêncio" na locução com o ablativo *língua*: "abster-se de falar palavras más", e, daí, "ficar em silêncio".

17 Há menção a chocalhos ou instrumentos de percussão nos cultos orientais a Ísis e Cibele, por exemplo.

18 Como os galos (*gallus*), sacerdotes de Cibele que se castravam no culto à deusa.

19 O texto dos manuscritos se interrompe aqui, e supõe-se que as últimas páginas foram perdidas. Todo o capítulo 27 após a primeira frase, junto com o capítulo 28, são compostos de mais uma citação direta supostamente de Sócrates.

SOBRE A CONSTÂNCIA DO SÁBIO
Para Sereno

CAPÍTULO 1

01 Sereno, não seria sem motivo que eu diria que entre os estoicos e os outros filósofos há a mesma distância que há entre homens e mulheres, pois, embora contribuam o mesmo tanto para a vida em comum, uns foram feitos para mandar; os outros, para obedecer.[1] Como médicos familiares, que são próximos dos corpos doentes que tratam, os demais filósofos tratam tudo com brandura e suavidade, não do modo mais rápido e direto, mas do modo que é possível. Os estoicos, tendo adentrado o caminho viril, não se esforçam para que tudo pareça ameno aos que nele ingressam, mas querem remover a doença o quanto antes, nos conduzindo para o monte que se eleva longe de toda e qualquer flecha lançada contra nós, nos isolando acima da fortuna.

02 "Mas o caminho por onde somos chamados é árduo e pedregoso". E o que importa? Vai-se às alturas por caminhos planos? De qualquer

forma, o caminho não é tão acidentado quanto alguns pensam. Somente a primeira parte tem rochas e escarpas e parece impossível, assim como as coisas que parecem fragmentadas e conectadas à distância. Pois a distância engana nossos olhos, e, ao chegarmos mais perto, o que o erro ocular unira em uma única coisa aos poucos se espalha, e, então, o que parecia cheio de declives e buracos torna-se uma subida suave.

03 _ Recentemente, quando se fez menção a Marco Catão, você, que não tolera injustiça, ficou indignado pelo fato de a sua época não o apreciar muito; mesmo superando Pompeus e Césares, o colocaram abaixo de Vatínios.[2] Pareceu-lhe indigno que, enquanto ele se preparava para se opor a uma lei, a sua toga tenha sido arrancada no Senado, sendo arrastada pelas mãos de uma facção sediciosa da rostra até o Arco de Fábio,[3] tendo ainda suportado palavras ímprobas, cusparadas e todos os outros insultos de uma multidão insana.

CAPÍTULO 2

01 _ Na ocasião, respondi que você tinha razão de se incomodar em nome da República, que estava sendo vendida por Públio Clódio,[4] Vatínio ou por tipos ainda piores. Esses homens, arrastados por um desejo cego, não percebiam que, enquanto a vendiam, vendiam a si mesmos. E pedi a você que não se preocupasse com Catão, pois nenhum insulto ou injúria pode acometer o homem sábio, e que os deuses imortais nos deram Catão como exemplo de homem sábio mais certo do que Ulisses e Hércules em eras passadas. Assim, nossos estoicos declararam que esses homens foram sábios, insensíveis ao esforço, tendo desprezado os prazeres e vencido todos os terrores.

02 _ Catão não foi enfrentar as feras com as próprias mãos, o que fazem os caçadores e os camponeses; nem perseguiu os monstros com ferro e fogo; nem aconteceu de viver em tempos em que se acreditava que o céu poderia

ser sustentado pelos ombros de uma só pessoa. Agora que a credulidade antiga foi arrasada e que o nosso tempo foi conduzido a um grau elevado de destreza, Catão lutou contra a ambição, um mal multiforme, e com o imenso desejo pelo poder, que nem mesmo o mundo todo dividido em três pôde saciar.[5] Sozinho, opôs-se aos vícios de uma cidade degenerada e que afundava sob o próprio peso, e conteve uma República decadente na medida em que fosse possível sustentá-la com apenas uma mão, até não aguentar mais e entregar-se, como companheiro da ruína que tentava evitar — e ambos se extinguiram ao mesmo tempo (seria impensável separá-los). Nem Catão sobreviveu à liberdade, nem a liberdade sobreviveu a Catão.

03 _ Por acaso você pensa que uma injúria poderia ser feita pelo povo contra ele quando lhe retiraram o cargo de pretor ou a toga, ou quando escarraram a esborra de suas bocas sobre a sua santa cabeça? O sábio está sempre seguro e não pode ser afetado por injúrias nem insultos.

CAPÍTULO 3

01 _ Parece que já vejo o seu espírito incendiado e efervescente, e você se preparando para exclamar: "Estas são as coisas que removem a autoridade dos seus preceitos. Vocês prometem coisas grandiosas e que não podemos acreditar ou desejar. Então, tendo dito coisas magníficas, como quando negam que o sábio seja pobre, não negam que ele costuma precisar de um escravo, de um teto ou de alimento, como quando negam que ele seja insano; vocês não negam que ele saia de si e diga palavras pouco sãs e que ouse fazer coisas que a força da doença o obrigue. E, quando negam que o sábio seja um escravo, da mesma forma não negam que ele será vendido, que obedecerá às ordens e que servirá ao seu mestre. Dessa forma, com empáfia, vocês descem ao mesmo nível dos demais apenas mudando o nome das coisas

02 _ "Suspeito haver algo que, à primeira vista, é belo e magnífico: o sábio não aceitará injúrias

nem insultos. Há muita diferença, porém, ao colocar o sábio além da indignação ou da injúria. Pois, se você disser que ele suportará de bom grado, o sábio não goza de privilégios, pois terá algo comum e que se pode aprender pela própria exposição frequente às injúrias: a resistência. Mas se você diz que ele não receberá a injúria, ou seja, que ninguém tentará injuriá-lo, deixo de lado todas as minhas atividades e me torno um estoico".

03 _ De fato, não tive a intenção de enfeitar o sábio com uma honra imaginária de palavras, mas sim de colocá-lo em um lugar em que nenhuma injúria seja permitida. "Mas como? Não haverá ninguém que o incomode, que o coloque à prova?". Nada é tão sagrado na natureza das coisas que não se depare com algo sacrílego. Mas as criações divinas não são menos sublimes só porque há aqueles que, mesmo que não venham a alcançar a magnitude muito afastada de si, as ataquem. Invulnerável não é aquele que não é golpeado, mas sim o que não é ferido: a partir disso, vou mostrar a você o que é um sábio.

04 _ Não há dúvida de que a força mais firme é a que não é vencida, e não a que não é atacada, porque o vigor não experimentado é mais duvidoso, e a firmeza é merecidamente a mais garantida quando repele todos os ataques. Dessa forma, você saberá que a natureza do sábio é melhor quando nenhuma injúria o

prejudica do que quando não há injúria. E então chamarei de corajoso aquele a quem a guerra não derrota e a quem uma força hostil não aterroriza, não aquele que vive no ócio sedentário e entre pessoas preguiçosas.

Digo, então, que o sábio não é vulnerável à injúria; não importa quantos dardos sejam lançados contra ele, pois ele não é penetrável por nenhum. Assim como a dureza de algumas rochas é inexpugnável pelo ferro, e o diamante não pode ser cortado, despedaçado ou gasto, mas, antes, cega o que o tiver golpeado, da mesma forma certas coisas não podem ser consumidas pelo fogo, conservando o seu rigor e a sua forma mesmo cercadas pelas chamas. Assim como alguns rochedos projetam-se acima do alto-mar sem serem destroçados, sem sequer mostrarem sinais da selvageria de séculos de golpes constantes, a mente do sábio é sólida e acumula tanta firmeza que é tão protegida das injúrias quanto as coisas que acabei de mencionar.

O QUE QUER QUE
SE FAÇA CONTRA
O SÁBIO DE
FORMA VIOLENTA,
PETULANTE
E SOBERBA
FAZ-SE EM VÃO

CAPÍTULO 4

01 _ "Mas então não haverá alguém que tente lançar uma injúria contra o sábio?". Haverá sim, mas a injúria não o alcançará, pois está tão distante do contato com as coisas inferiores que nada nocivo conseguirá levar as suas forças até ele. Até mesmo quando os poderosos, tanto os que detêm a autoridade quanto os que são potentes por conta do consenso dos seus súditos, pretendem arrasá-lo, todo o seu ímpeto cai por terra tão aquém da sapiência quanto as coisas que são lançadas para o alto, seja por corda ou por catapultas, que, mesmo quando se afastam da vista, ainda assim não chegam nem perto do céu.

02 _ Pois então, você acha que na ocasião em que aquele rei[6] estulto escureceu o dia com uma chuva de flechas alguma delas chegou até o Sol? Ou que Netuno pôde ter sido tocado pelas correntes lançadas ao mar? Da mesma forma, as coisas celestiais estão protegidas das mãos humanas, e nada que venha daqueles

que destroem templos e derrubam estátuas pode causar danos à divindade. Assim, o que quer que se faça contra o sábio de forma violenta, petulante e soberba faz-se em vão.

03 _ "Contudo, seria melhor se não houvesse ninguém que quisesse fazê-lo". Aqui você deseja algo muito difícil para a espécie humana: a inocência. Além disso, não acontecer seria do interesse daqueles que perpetrariam tal ato, e não daquele que é capaz de suportá-lo mesmo se acontecesse. Na verdade, eu não sei mesmo se a tranquilidade em meio aos ataques não demonstra o maior poder do sábio, assim como a prova mais eficiente de que um comandante é potente em armas e homens[7] é a sua segurança tranquila em terra inimiga.

O SÁBIO NADA PODE PERDER

CAPÍTULO 5

01 _ Vamos separar, então, se você quiser, Sereno, injúria de insulto. A natureza da injúria é mais grave que a do insulto; o segundo, mais leve, só é grave para os frágeis, pois os homens de verdade não são prejudicados, e sim ofendidos. A fraqueza mental e a frivolidade devem ser muito grandes para que alguns possam considerar que não há nada mais grave do que um insulto. Da mesma forma, você encontrará servos que preferem ser chicoteados a receber tapas, e que acreditam que a morte e os flagelos são mais toleráveis do que as palavras afrontosas.

02 _ Chegamos a um grau de inépcia tão grande que nos abalamos não mais pela dor, mas pelo pensamento da dor, como as crianças, que têm medo do escuro, da feiura de uma máscara ou de uma aparência desfigurada, de modo que são as palavras pouco agradáveis a seus ouvidos e os movimentos dos dedos que lhes arrancam lágrimas – ou outras coisas que os afugentam, erroneamente, com base em algum medo.

03 _ Quanto à injúria, o seu propósito é fazer o mal a alguém. Porém, a sabedoria não abre espaço ao mal (pois, para ela, o único mal é a infâmia, incapaz de entrar onde a virtude e a honestidade já estejam). Assim, se não há injúria sem o mal, e se o mal não é nada senão algo torpe, mas o que é torpe não consegue atingir aquele que se ocupa de coisas virtuosas, a injúria não atinge o sábio. Pois se a injúria é o sofrimento de algum mal, e o sábio não sofre mal algum, nenhuma injúria alcança o sábio.

04 _ Toda injúria é a diminuição daquilo que ela ataca, e ninguém pode receber uma injúria sem sofrer detrimento da dignidade, do corpo ou do que está localizado fora de nós. O sábio nada pode perder; tudo repousa nele, que nada confia à fortuna, que tem os seus bens em solo firme e se contenta com a virtude, a qual dispensa o que é fortuito; por isso, não pode ser aumentada nem diminuída. Desse modo, o que chegou até o ponto mais alto não tem espaço para continuar crescendo, e a fortuna não toma de volta o que não tenha ofertado, e, por isso, não tira nada de ninguém; ela é livre, inviolável, imutável, inabalável, tão inflexível contra os acasos que não pode ser enviesada nem vencida. Olha com desprezo para os instrumentos de terror e não se abala na sua expressão ao se deparar com as durezas ou com as benesses.

05 _ Desse modo, o sábio não perderá aquilo que percebe que vai perecer, pois somente tem a posse da virtude, da qual jamais pode ser afastado. Do restante, faz uso como se os tivesse emprestado. Quem, então, se incomoda com a perda do que não lhe pertence? Assim, se a injúria não pode prejudicar o que é próprio do sábio, pois tem as suas coisas a salvo pela sua virtude, não se pode fazer injúria ao sábio.

06 _ A cidade de Mégara uma vez foi tomada por Demétrio, chamado de Poliórcetes, "destruidor de cidades". O filósofo Estilpão, perguntado por Demétrio se havia perdido algo, respondeu: "Não. Tudo que é meu está comigo". Contudo, todo o seu patrimônio fora espoliado, o inimigo sequestrara as suas filhas, a sua pátria fora entregue ao domínio estrangeiro e ele mesmo era interrogado pelo rei, que o cercara com o seu exército vencedor, em uma posição mais elevada.

07 _ Assim, ele abalou a vitória de Demétrio ao testemunhar que, embora a sua cidade tenha sido capturada, ele não apenas não fora vencido como também permanecera ileso. Mantinha consigo os verdadeiros bens, que não podem ser roubados, e o que foi levado, dissipado e subtraído ele não considerava seu, mas acidentes da fortuna e do seu bel-prazer. Dessa forma, deles usufruíra não como se fossem os seus próprios, pois a posse do que vem fluindo de fora é sempre escorregadia e incerta.

CAPÍTULO 6

01 _ Pense agora se um ladrão, um caluniador, um vizinho inútil ou um rico qualquer, exercendo o poder, pode cometer uma injúria contra o sábio na sua velhice despossuída — já que nem a guerra, nem o inimigo nem aquele versado na egrégia arte de destruir cidades são capazes de arrancar algo dele.

02 _ Entre as espadas brilhando por todos os lados e o tumulto dos soldados saqueando, entre as chamas, o sangue e a carnificina da cidade esfacelada, em meio aos estrondos dos templos despencando sobre os seus deuses, um único homem estava em paz. Não há motivo para julgar que minha promessa é petulante, da qual darei garantias, caso tenha pouca fé em mim. Pois mal crê que haja tanta firmeza e tanta grandeza de alma no homem. Mas há alguém que se apresenta em meio a nós para dizer:

03 _ "Não há motivo para duvidar que alguém, nascido humano, seja capaz de se levantar

acima das coisas humanas e que, em segurança, observe as dores, os danos, as feridas, as chagas e as grandes turbulências do seu entorno, que possa suportar com tranquilidade as coisas difíceis e com moderação as coisas favoráveis, nem cedendo àquelas, nem dependendo destas, mas mantendo-se um, e o mesmo, em meio a diversas situações, e que não pense que nada lhe pertence senão a si mesmo, também ele mesmo somente naquela parte em que é melhor.

04_ "Eis que estou presente para provar a vocês que, sob o domínio daquele destruidor de tantas cidades, os monumentos caem a golpes de aríetes, que as torres elevadas desabam de repente por causa de túneis e fossas escondidas, e que uma montanha cresce tanto que deve igualar-se às elevadas cidadelas, mas nenhum maquinário que abale um espírito bem fundado poderá ser encontrado.

05_ "Há pouco me arrastei para fora da minha casa em ruínas, com incêndios reluzindo por todos os lados, e fugi das chamas em meio ao sangue. Desconheço o destino das minhas filhas, e não sei se foi pior do que o do restante do povo. Velho e só, vendo somente inimigos ao meu redor, ainda assim declaro que considero íntegro e ileso tudo o que é meu. Ainda mantenho comigo tudo aquilo que antes eu tinha.

06_ "Não devia considerar que eu fui vencido e você é o vencedor; foi a sua fortuna que venceu a minha fortuna. Não sei onde estão aquelas coisas efêmeras e que mudam de dono; pois no que diz respeito às minhas coisas, estas estão comigo, e estarão sempre comigo.

07 _ "Os ricos perderam o seu patrimônio; os libidinosos perderam os seus amores e as suas prostitutas favoritas, com enorme prejuízo do seu pudor; os ambiciosos perderam a Cúria[8] e o Fórum, bem como os espaços destinados a exercer os vícios em público. Os agiotas perderam os seus registros, nos quais a sua alegre avareza imaginava riquezas falsas. Eu, porém, tenho todas as minhas coisas íntegras e ilibadas. Vá, então, e interrogue aqueles que choram e se lamentam, que jogam os seus corpos nus contra as espadas desembainhadas por causa do dinheiro, que fogem do inimigo carregando o que podem".

08 _ E, assim, você deve considerar, Sereno, que aquele homem perfeito, cheio de virtudes humanas e divinas, nada perde. Seus bens estão cercados por fortificações sólidas e inexpugnáveis. Não são comparáveis às muralhas da Babilônia, que Alexandre invadiu; nem às de Cartago ou Numância, tomadas por única mão; nem ao Capitólio ou à cidadela de Roma — estas levam o traço do inimigo. As muralhas que protegem o sábio estão seguras contra as chamas e as invasões, não oferecem nenhuma passagem, e são excelsas, inexpugnáveis e comparáveis aos deuses.

CAPÍTULO 7

01 — Não há como dizer, como é do seu costume, que esse nosso sábio não é encontrado em lugar algum. Não estamos inventando um vão exemplo de engenho humano nem uma imagem de algo falso. Antes, exibimos, e exibiremos, aquele conforme o modelamos, talvez apenas um, raro, que aparece em grandes intervalos de tempo. Pois as coisas grandiosas e que ultrapassam o comum e o usual não são geradas com frequência. Receio, inclusive, que o próprio Catão, cuja menção iniciou esta discussão, ultrapasse em medida o nosso modelo.

02 — Por fim, o que prejudica deve ser mais forte do que o que é prejudicado. Porém, a crueldade não é mais forte do que a virtude. Dessa forma, o sábio não pode ser prejudicado. Não se tenta fazer injúria contra os bons, exceto pelos maus. As pessoas boas estão em paz entre si, enquanto os maus são tão perniciosos contra os bons quanto o são entre si. Mas se não é

possível ser prejudicado a não ser que se seja mais fraco, e se o mau é mais fraco que o bom, e o bom não deve temer a injúria senão daquele que não é igual a si, então a injúria não recai sobre o sábio.

03 _ "Se foi condenado injustamente, Sócrates sofreu uma injúria", diz ele. Nesse ponto, é necessário compreender que pode ser que alguém cometa uma injúria contra mim sem que eu a receba; é como quando alguém rouba algo da minha casa de campo e esconde em minha outra casa — houve um furto, mas nada perdi.

04 _ Alguém pode ser danoso, embora não tenha causado danos. Se alguém se deitar com a própria esposa pensando que se deita com a de outro, ele será um adúltero, embora ela não o seja. Alguém me ofereceu veneno, mas a sua potência se dissipou junto com o alimento; ao oferecê-lo, um crime foi cometido, mesmo sem ter causado danos. Não é menos ladrão aquele cuja arma foi impedida de machucar pelo traje. No que diz respeito à culpa, os crimes já são crimes, mesmo antes de fazerem efeito.

05 _ Há coisas que, pela sua própria condição, juntam-se de alguma forma, de tal modo que uma pode acontecer sem a outra, mas o contrário não é verdadeiro. Tentarei tornar claro o que digo. Posso mover os pés e não correr, mas não posso correr sem mover os pés. Posso, mesmo na água, não estar nadando; porém, se eu nado, não posso não estar na água.

06 _ É deste tipo de coisa que estou tratando: se uma injúria é recebida, é necessário que ela tenha sido cometida; porém, se for cometida, não é necessário que eu a tenha recebido. Muito pode acontecer que impeça uma injúria; assim como algum acaso pode desviar uma mão levantada, ou dardos que lhe foram lançados, é possível que algo consiga repelir injúrias, não importa de que tipo, interceptando-as no meio do caminho. Assim, as injúrias feitas não são recebidas.

A INJÚRIA NÃO PODE SER REALIZADA A NÃO SER INJUSTAMENTE

CAPÍTULO 8

01 — Além disso, a injúria nada pode sofrer de injusto, pois os contrários não se relacionam. Assim, a injúria não pode ser realizada a não ser injustamente. Portanto, não se pode fazer uma injúria contra o sábio. E não é de se admirar que ninguém possa fazer injúria contra ele, já que não seria possível nem mesmo fazer algo para o seu benefício. De fato, ao sábio nada falta que ele possa receber como presente, e o mau não pode conceder ao sábio nada que não seja digno já que, antes de oferecer algo, ele deve possuir. E ele não tem nada que o sábio fique feliz em receber.

02 — Assim, ninguém é capaz de prejudicar ou beneficiar o sábio, já que as coisas divinas não desejam ser ajudadas nem podem ser prejudicadas; e o sábio se coloca próximo aos deuses, como se deles fosse vizinho, e, com exceção do fato de ser mortal, é em tudo semelhante a um deus. Perseguindo e buscando as coisas que são excelsas, ordenadas, intrépidas, fluentes

em curso harmonioso e estável, seguras, benignas, nascidas para o bem público e salutares para si e para outrem, o sábio nada deseja de vil, e nunca derrama lágrimas por nada.

Aquele que se apoia na sua razão e avança pelas vicissitudes humanas com um ânimo divino não poderá em lugar algum receber uma injúria — acha que estou falando apenas de injúrias vindas de seres humanos? Não, nem mesmo da fortuna, a qual, quando se bate contra a virtude, nunca se afasta como uma igual. Se conseguirmos aceitar com ânimo tranquilo e plácido o mais difícil (aquilo além do que as leis iradas e os senhores muitíssimo severos são capazes de ameaçar, aquilo em que a fortuna consome o seu poder) e se soubermos que a morte não é um mal e que, por isso, não é nem mesmo uma injúria, muito mais facilmente conseguiremos tolerar as outras coisas — danos e dores, ignomínias, exílios, perdas de entes queridos e separações são coisas que não submergem o sábio, mesmo se estiverem todas ao redor dele ao mesmo tempo, e menos ainda se vierem individualmente. Assim, se é capaz de tolerar as injúrias do destino com moderação, será mais capaz de tolerar as dos poderosos, que sabem serem a mão da fortuna!

CAPÍTULO 9

01 _ Assim, o sábio suporta todas as coisas da mesma maneira que suporta o rigor do inverno e do céu destemperado, as febres, as doenças e outras coisas que possam vir a acontecer. Além disso, não julga tão bem nenhuma pessoa de modo a pensar que ela tenha feito algo de propósito, o que é prerrogativa apenas do sábio; os outros todos não fazem planos, mas dão-se a fraudes, enganos e turbulências da alma, que contam como acidentes. Tudo que é fortuito nos rodeia, buscando alvos vãos.

02 _ Considera também o seguinte: o material das injúrias aparece mais amplamente no que se busca para nos colocar em risco, como um delator subornado, acusações falsas, incitação do ódio dos poderosos contra nós, e todas as outras bandidagens que há entre os que vestem toga. Há também as seguintes injúrias frequentes: quando se retira de alguém o lucro (ou o prêmio muito buscado), ou quando a herança recebida com grande esforço é desviada,

ou quando se perdem as graças de uma casa vantajosa. Disso tudo o sábio foge, pois ele não sabe viver nem na esperança nem em medo.

03 Some-se a isso que ninguém recebe uma injúria sem incômodo da mente, mas, antes, se perturba só de percebê-la. Porém, o homem desprovido de erros, que controla a si mesmo, de plácida e profunda quietude, é isento de perturbação. Se uma pessoa é tocada pela injúria, esta o move, o arrasta. O sábio, porém, carece da ira, que a mera aparência da injúria incita. O sábio, então, não poderia carecer de ira sem que também carecesse de injúria, que ele sabe não poder ser feita contra ele. É assim que o sábio é tão otimista e satisfeito, elevado por uma alegria contínua. E é tão inatingível pelas ofensas causadas pelas coisas e pelos homens que as próprias injúrias lhe são úteis, já que, a partir delas, ele pode experimentar a si mesmo e pôr a sua virtude à prova.

04 Peço então que sejamos favoráveis a esse propósito e apresentemos ouvidos e espíritos receptivos enquanto o sábio é afastado da injúria. Nada vai diminuir de sua petulância, de sua cupidez incontrolável, de sua temeridade cega e de sua soberba: seus vícios estarão a salvo enquanto o sábio busca a liberdade. A nossa ação aqui não é para que não se possa fazer injúria a vocês, mas sim para que o sábio possa lançar às profundezas todas as injúrias e se defender com a sua resiliência e grandeza de espírito.

05 _ Assim, nos jogos sagrados, muitos venceram os seus oponentes ao defender-se com obstinada resiliência contra as mãos dos seus oponentes: considera-se que o sábio é daqueles que, com treinamento longo e persistente, obtiveram a firmeza de suportar e desgastar toda e qualquer força inimiga.

NÃO É VIRTUDE AQUILO QUE ALGUÉM SUPORTA SEM SENTIR NADA

CAPÍTULO 10

01 — Já que terminamos de passar pela primeira parte, passemos à segunda, em que refutaremos os insultos com argumentos próprios, mas também, e ainda mais, com argumentos comuns aos insultos e às injúrias. O insulto é menor do que a injúria; podemos persegui-lo mais do que reclamar dele, já que as leis também não o consideraram digno de punição.

02 — Esse sentimento é movido pela baixeza da alma que se contrai por conta de um fato ou de um dito desonroso — "ele não me recebeu hoje, mas estava recebendo outras pessoas"; "ele deu as costas de forma insolente enquanto eu falava, ou riu de mim abertamente"; "ele me colocou no assento mais baixo, e não no do meio", e outras coisas do tipo. De que outra coisa chamarei tudo isso a não ser de reclamações de uma alma nauseabunda? São geralmente os luxuriosos e os afortunados que falam tais coisas, pois não têm tempo de notá-las aqueles que precisam lidar com coisas piores.

03 São as mentes fracas e débeis por conta do excesso de ócio, mentes infantis que brincam, levadas, por falta de problemas reais, a se incomodar com tais coisas. Além disso, a maior parte é falha de quem interpreta. Assim, aquele que é afetado por um insulto não demonstra ter prudência nem confiança em si mesmo. Sem dúvida, ele se considera desprezado, e tal ferida não ocorre sem um certo grau de pequenez da alma, que se deprime e se rebaixa. O sábio, por sua vez, não é desprezado por ninguém: ele conhece a sua grandeza, e anuncia a si mesmo que ninguém pode tanto sobre ele. Além disso, quanto às coisas que eu chamaria não de misérias da alma, mas de meros incômodos, ele não as vence, pois sequer as sente.

04 Há outras coisas que ferem o sábio, mesmo que não o destruam, tais como dores corporais, doenças, perda de amigos ou filhos, calamidade da pátria incendiada pela guerra. Não nego que o sábio as sinta, pois não o consideramos feito de pedra ou duro como o ferro. Não é virtude aquilo que alguém suporta sem sentir nada. Mas, então, o que é? O sábio recebe certos golpes, mas, após percebê-los, trata de vencê-los, curar-se e então estancá-los. Não sente os golpes menores, por isso não precisa tolerá-los como se fossem durezas da vida — ou não os percebe, ou os considera dignos de riso.

CAPÍTULO 11

01 — Além disso, uma vez que a maior parte dos insultos é feita por pessoas insolentes e arrogantes, que mal conseguem suportar a própria boa fortuna, o sábio tem como rejeitar esse sentimento com a grandiosidade de espírito, a virtude mais bela de todas. Ele vê tais sentimentos como imagens vazias de sonhos, como visões noturnas que nada possuem de sólido ou de verdadeiro.

02 — Ao mesmo tempo, o sábio considera que todos são muito inferiores para ter coragem o bastante para desprezar as coisas muito elevadas. Os insultos [*contumélia*] são assim chamados a partir do desprezo [*contemptus*], pois só se insulta alguém que se despreza. Mas ninguém despreza quem é mais importante ou melhor, mesmo se age como os que desprezam costumam fazer. Pois até mesmo as crianças por vezes batem no rosto dos pais, e os bebês podem desfazer o penteado das mães, cuspir nelas, despi-las e expor a sua pele diante de

outras pessoas da família ou não conseguir controlar as palavras obscenas. Mas não chamamos nenhuma dessas coisas de insultos. Por quê? Porque aquele que as faz não é capaz de desprezar.

É pelo mesmo motivo que nos deleitamos com o humor insultuoso dos servos domésticos contra os seus amos, e a sua audácia alcança até mesmo os convivas de um banquete. E, quanto mais alguém é digno de desprezo, mais a sua língua se solta. Por isso, algumas pessoas compram servos insolentes e aperfeiçoam o seu atrevimento sob os cuidados de um instrutor, para que derramem as suas ofensas com destreza. Não as chamamos de insultos, mas de gracejos: que loucura é ser ora alegrado, ora ofendido pelas mesmas coisas, e chamar de maledicência o que um amigo tiver dito, mas de piada desbragada se o mesmo for dito por um servo!

CAPÍTULO 12

01 _ A disposição que temos com relação às crianças é a mesma que o sábio tem com relação a todos os que ainda são pueris após a juventude e a velhice. Acaso fizeram algo proveitoso aqueles cujas dificuldades de espírito só aumentaram e tornaram-se erros ainda maiores, esses que diferem das crianças apenas pelo tamanho e forma dos corpos, mas que, no restante, não são menos vagos e incertos, buscando prazeres indiscriminadamente, receosos e quietos não pelo seu intelecto, mas pelo medo?

02 _ Não é possível dizer que se pode encontrar algo de diferente entre esses e as crianças porque estas são avarentas com os seus ossinhos, as suas nozes e moedinhas de bronze, enquanto aqueles são avarentos com ouro, prata e terras. As crianças, entre si, brincam de magistrado, imitam a toga, o cetro, o tribunal, enquanto aqueles jogam os mesmos jogos no Campo de Marte, no Fórum, no Senado.

As crianças erigem simulacros de casas com areia nas praias, enquanto os homens, como se fizessem algo grandioso, esforçam-se para empilhar pedras e erguer paredes e tetos como invenções de proteção dos corpos, depois transformando-os em algo perigoso. Assim, para as crianças e para aqueles que foram mais longe, a coisa é semelhante, mas o erro é maior para as coisas mais grandiosas.

03 _ Portanto, não é sem razão que o sábio considera piadas essas injúrias e às vezes até admoesta os que injuriam, como se fossem crianças. Não porque foram afetados pela injúria, mas porque as pessoas a cometeram e devem deixar de fazê-lo. Da mesma forma, o gado é domado com um açoite, e não nos revoltamos quando não aceita ser montado, mas o dominamos, para que a dor vença a teimosia. E, então, você saberá como dissolver a objeção: "Se não aceita injúrias nem insultos, por que o sábio pune os que as fizeram?". Não para se vingar, mas para corrigi-los.

CAPÍTULO 13

01 — E por que você crê que tal firmeza de espírito não está presente no homem sábio, porém percebe que a mesma coisa está em outros, mas não pela mesma causa? Que médico se irrita com um lunático? Quem se ressente com maledicências proferidas por uma pessoa em estado febril que não pode tomar água gelada?

02 — O sábio tem com todos a mesma disposição que o médico tem com os seus doentes: não se importa em examinar as suas partes íntimas, verificar se precisam de remédio, observar as suas fezes ou urina, nem aceita as ofensas feitas em estados de perturbação mental. O sábio sabe que todos aqueles que chegam de toga púrpura, mesmo bem corados e vigorosos, não estão sãos, pois não os vê de outra forma senão como doentes destemperados. Assim, nem se irrita se, uma vez doentes, ousam algo mais contra o seu médico, nem leva em alta estima as suas honras, assim como o faz com os feitos realizados com pouca virtude.

03 Da mesma forma como o sábio não se dará mais importância se um mendigo o bajular, também não julgará um insulto se um homem do povo não lhe responder o aceno. Da mesma forma, não se dará mais importância se muitos poderosos o admirarem, pois sabe que não são em nada diferentes dos mendigos, mas são ainda mais miseráveis, pois para eles falta pouco, enquanto os pedintes carecem de muito. Da mesma forma, o sábio não será afetado se lhe cruzar o caminho o rei dos Persas ou o rei Átalo da Ásia, em silêncio, desprezando a sua saudação. Ele sabe que esses monarcas não devem ser mais invejados do que aquele que, em uma grande família, tem a função de cuidar dos doentes e insanos.

04 Não levarei a mal se não obtiver resposta de um dos que fazem negócios no templo de Cástor, comprando e vendendo seres humanos, cujas tendas estão apinhadas com uma turba dos piores escravos? Não creio; pois o que terá de bom aquele que não tem ninguém pior abaixo dele? Dessa forma, do mesmo modo como o sábio não dá atenção à cordialidade ou à grosseria de alguém assim, fará o mesmo com os reis: "Você tem abaixo de si os partos, os medos e os bactrianos, mas os controla pelo medo e por isso não pode relaxar; eles são os seus piores inimigos, estão à venda, procurando um novo senhor".

05_ Portanto, o sábio não será movido pelo insulto. De fato, todos são diferentes entre si, mas o sábio os considera iguais por sua igual estupidez. Pois, se ao menos uma vez ele se rebaixar a ser incomodado por injúrias ou insultos, nunca mais estará tranquilo, e a tranquilidade é um bem caro ao sábio. E não dará motivo, julgando que um insulto foi feito contra ele, para que aquele que o fez seja considerado honrado, pois é necessário que alguém que suporte ser desprezado por outro regozije ao ser respeitado.

CAPÍTULO 14

01 _ É demência enorme, também, considerar que se possa sofrer com um insulto
feito por uma mulher. Pois o que importa o
quão importante ela seja, quantos carregado-
res de liteira a transportam, o tamanho dos
brincos que ela usa, o tamanho do assento
da sua carruagem? Ela permanece um ani-
mal imprudente e, a não ser que adquira
conhecimento e muita erudição, é incapaz
de conter os seus desejos selvagens. Alguns
se irritam se cabeleireiros trombam neles, ou
consideram um insulto alguma dificuldade
com o porteiro, ou a eventual soberba de um
pregoeiro, ou quando algum escravo revira
os olhos. Ah, quanto riso se pode tirar dessas coisas, como se pode encher o espírito
de grande prazer com o tumulto dos erros
alheios enquanto contemplamos a nossa
própria tranquilidade!

02 _ "Mas o que, então? O sábio não se aproxi-
mará de portas guardadas por um porteiro se-

vero?". De fato ele o fará apenas se necessário e, não importa quem seja, o acalmará como a um cão feroz ao qual se lança o alimento, e não se indignará de ter que gastar algo para cruzar o limiar, considerando que também se paga para cruzar algumas pontes. Da mesma forma, pagará também àquele, não importa quem seja, que exerça o ofício público das recepções; ele sabe que o que está à venda é comprado com dinheiro. É mesquinho aquele que se refestela por ter respondido de forma grosseira a um porteiro, por ter quebrado o seu cajado, por ter ido até o seu senhor e pedido que o açoitasse. Aquele que se põe a lutar se torna um adversário e, a fim de que vença, põe-se no mesmo nível.

03 _ "E o que fará o sábio se lhe desferirem um soco?". O que fez Catão ao levar um murro? Não se inflamou, não se vingou da injúria, nem mesmo a perdoou; mas negou que houvesse sido feita uma injúria. Ignorar exigiu dele um espírito mais elevado do que se tivesse perdoado.

04 _ Não nos demoraremos muito nesse ponto; pois quem não sabe que o sábio vê o que é considerado bom e mau de forma diferente de todos os outros? Ele não respeita o que os homens consideram torpe ou mesquinho, ele não vai por onde vai o povo, mas, assim como os astros avançam no seu caminho contrário ao do mundo, da mesma forma ele segue contra a opinião de todos.

O DESTINO NOS VENCE SOMENTE SE NÃO O VENCERMOS POR COMPLETO

CAPÍTULO 15

01 _ Por isso, desista de dizer algo como: "mas então o sábio não aceitará uma injúria se for esfaqueado, se lhe arrancarem um olho? Não receberá um insulto se estiver passando pelo fórum e ouvir palavras obscenas de pessoas vis? Se, num banquete, for obrigado pelo rei a se reclinar sob a mesa, a comer com os escravos responsáveis pelas tarefas mais abjetas? Se for forçado a suportar alguma outra coisa que possa ser considerada ofensiva para um pudico?"

02 _ Não importa o alcance dessas coisas em número ou em magnitude: elas serão da mesma natureza. Se as coisas pequenas não o atingem, as maiores também não o atingirão. Você, então, a partir da sua pequenez, considere a enormidade dessa mente e, quando pensar que pode suportar o mesmo que ela, suba ainda mais o sarrafo. A virtude do sábio o coloca em outras regiões do universo, que nada têm a ver com você.

03 _ Procure quaisquer coisas difíceis de tolerar, que o fariam fugir de medo só de ouvir; o sábio não se afasta nem mesmo de um conjunto delas, e as suportará todas juntas, da mesma forma que o faz individualmente. Aquele que diz que algo é ou não tolerável ao sábio, e que a sua enormidade de espírito se confina a certos limites, age mal; o destino nos vence somente se não o vencermos por completo.

04 _ E, para que você não pense que essa dureza é somente estoica, Epicuro — que vocês consideram o patrono do seu sedentarismo, pensando que ele ensina apenas coisas moles e preguiçosas, que conduzem aos prazeres — dizia: "O destino raramente se opõe ao sábio". Ele falou como um homem! Você quer falar mais alto e afastar o destino?

05 _ A casa do sábio é humilde, sem adornos, sem barulho, sem finezas, não é protegida por seguranças que afastam a turba mas aceitam propinas, no entanto, pelos seus portais vazios e livres de porteiros, o destino não atravessa: ele sabe que não há lugar para si onde não há nada que é seu.

CAPÍTULO 16

01 Porém, se até Epicuro, que indulgenciava nos prazeres corpóreos em grande medida, levantou-se contra as injúrias, o que, daquilo que estamos dizendo, pode parecer incrível ou acima da medida da natureza humana? Ele afirma que as injúrias são toleráveis para o sábio, enquanto nós dizemos que injúrias não existem.

02 E não há por que dizer que isso é contrário à natureza: não negamos que ser espancado, flagelado ou perder algum membro seja incômodo, mas negamos, sim, que tais coisas sejam injúrias. Não retiramos delas a sensação da dor, mas o nome de injúria, que não pode ser recebido por uma virtude forte. Veremos qual de nós dois está falando coisas mais verdadeiras. De fato, ambos consentimos em desprezar a injúria. Quer saber qual é a diferença entre nós? É a mesma que há entre dois gladiadores muito fortes: enquanto um pressiona a ferida e permanece de pé, o outro

olha para o público que clama e diz que não foi nada, nem aceita que intercedam por ele.

03 _ Você não deve achar que divergimos muito nisso: quanto à questão de que se trata, e quanto ao que diz respeito a vocês, ambos os exemplos levam a desprezar as injúrias e os insultos, que eu chamaria de sombras e suspeitas. Para desprezá-las não é necessário um homem sábio, somente alguém com alguma noção, que possa dizer a si mesmo: "Essas coisas acontecem comigo com ou sem merecimento? Com merecimento, não é um insulto, mas um julgamento; sem, aquele que lança o insulto é quem deve se envergonhar".

04 _ E o que é isso que se chama de insulto? Ele fez uma piada com o brilho da minha cabeça, a saúde dos meus olhos, a finura das minhas pernas, com a minha altura: por que é um insulto escutar o que é aparente? Rimos quando isso é dito em particular, mas nos indignamos se é dito em público, e não damos liberdade aos outros de dizer aquilo que costumamos dizer a nós mesmos: nos deleitamos com piadas moderadas, mas ficamos irados com as exageradas.

CAPÍTULO 17

01 _ Crisipo conta que alguém ficou indignado por ter sido chamado de cavalo castrado. No Senado, nós mesmos vimos Fido Cornélio, genro de Ovídio Nasão, chorar quando o chamaram de avestruz depenado. Contra todas as outras coisas que eram ditas para ofender a sua vida e o seu caráter, ele manteve o cenho firme, mas por conta dessa única coisa, tão absurda, as lágrimas brotaram. É tão grande a fraqueza do nosso espírito quando a razão se afasta.

02 _ E por que nos ofendemos se alguém imita o nosso modo de falar, de andar, se alguém aponta algum defeito no nosso corpo ou na nossa linguagem? Como se essas coisas fossem mais fáceis de notar quando alguém as imita do que quando nós mesmos as fazemos! Alguns ficam contrariados quando ouvem falar da própria velhice, dos cabelos brancos e outras coisas que torcemos muito para conquistar; outros ardem por serem chamados de pobres, quando todo

aquele que esconde a própria pobreza acusa a si mesmo. E é assim que privamos de material os petulantes e os piadistas: chegamos na frente. Ninguém é motivo de riso se ele já o conseguiu por si mesmo.

03 — Dizem que Vatínio, um homem nascido para o riso e para o ódio, era um bufão divertido e adorado. Fazia piada com os próprios pés e com o pescoço cheio de cicatrizes, e assim escapava dos inimigos, mais numerosos que as suas deformidades, e especialmente de Cícero. Se conseguiu fazer isso com a dureza das próprias palavras, ele que desaprendeu a se envergonhar com as ofensas constantes, por que não conseguiria também alguém que obteve algum progresso nos estudos liberais e no cultivo da sabedoria?

04 — Acrescente-se que é uma espécie de vingança retirar de quem fez o insulto o prazer de tê-lo feito. Não raro, dizem: "Lamentável, acho que ele não entendeu". A eficácia de um insulto depende muito do sentimento e da indignação de quem o sofre. Em algum momento, não deixará de encontrar um igual: você também encontrará alguém que o vingue.

COSTUMAM SER OS QUE MENOS AGUENTAM INSULTOS OS QUE MAIS DESEJAM FAZÊ-LOS

CAPÍTULO 18

01 ‐ Caio César, Calígula, que abundava em insultos bem como em outros vícios, se deixava levar por uma vontade estranha de ferir a todos com algum tipo de chiste, ele que apresentava belíssimo material para ser ridicularizado: tamanha era a palidez que atestava a sua insanidade, tamanha era a selvageria dos olhos que se escondiam em uma expressão envelhecida, tamanha a deformidade da cabeça destituída e habitada por fios esparsos. Sem falar do pescoço cheio de pelos grossos, a fineza das pernas e a enormidade dos pés. Se quiser que eu mencione um a um, é imenso o estoque de motivos pelos quais ele era ofensivo com os pais e avós, e com pessoas de todas as classes. Mas mencionarei apenas os que lhe trouxeram a desgraça.

02 ‐ Valério Asiático era um dos seus melhores amigos, um homem feroz e que mal aguentava com o espírito tranquilo os insultos feitos a outros. Durante um banquete, na verdade, du-

rante uma assembleia, César ofendeu Valério quanto ao modo como a sua esposa agia na cama. Pelos deuses! Um homem desses ouvir, um imperador saber, até onde a licenciosidade chegou — e não digo a um ex-cônsul, não digo a um amigo, mas a um esposo — para que o imperador narrasse tanto o seu adultério quanto a sua insatisfação com a mulher!

03 _ Contudo, Cássio Quereia, tribuno militar, tinha um discurso que não era tão forte quanto a sua mão. Falava baixo, e, se você não soubesse dos fatos, suspeitaria dele. Quando pedia uma palavra de ordem a Caio César, às vezes recebia "Vênus"; às vezes, "Priapo", e toda vez o soldado era reprovado pela sua delicadeza. E tudo isso Caio César fazia enquanto estava com roupas translúcidas, de sandálias, adornado de ouro. Chegou a dizer que Cássio deveria usar a espada para parar de pedir a palavra: Quereia foi o primeiro entre os conjurados a agir, foi o que cortou o seu pescoço com um único golpe. E então muitos soldados vieram de todos os lados para vingar as injúrias públicas e privadas, mas o primeiro homem foi aquele que menos parecia sê-lo.

04 _ Mas Caio via insultos em tudo: costumam ser os que menos aguentam insultos os que mais desejam fazê-los. Enfureceu-se certa vez com Herênio Macrão, que o chamou apenas de Caio, mas também não ficou impune um chefe militar que o chamou de Calígula.[9]

Ele era assim chamado por ter nascido nos acampamentos militares, criado pelas legiões, e nunca foi mais conhecido pelos soldados por outro nome que não esse. Mas agora, com os altos coturnos das tragédias, considerava a alcunha uma indecência, um abuso.

05 _ E então isto servirá de consolo: mesmo se a nossa tranquilidade se recusar à vingança, haverá alguém que trará a punição ao insolente, ao arrogante, àquele que dispara injúrias, vícios que nunca se esgotam em um único homem ou em um único insulto.

06 _ Observemos os exemplos de outros de quem elogiamos a resistência, como Sócrates, que recebeu bem as troças publicadas e encenadas nas comédias contra ele e riu com elas não menos do que quando a sua esposa Xantipa derrubou água imunda sobre ele. Antístenes foi ofendido porque a sua mãe bárbara nascera na Trácia: ele respondeu que até a mãe dos deuses nascera no monte Ida.[10]

A LIBERDADE É SOBREPOR O ESPÍRITO ÀS INJÚRIAS

CAPÍTULO 19

01 — Não há necessidade de rixa ou alterca-
ção. Os pés são para buscar a distância.
Devemos negligenciar todas essas coisas feitas
por pessoas imprudentes (que não podem
ser feitas senão por pessoas imprudentes) e
devemos considerar conjuntamente as honras
e injúrias feitas pelo povo.

02 — Não devemos nos doer por estas e nos re-
gozijar por aquelas; de outra forma, por medo
ou ódio de ofensas, deixamos de lado muitas
coisas necessárias e faltamos com os deveres públicos e privados (às vezes salutares),
quando nos angustia uma preocupação ingê-
nua de ouvir algo contrário ao nosso ânimo.
Às vezes, até mesmo revoltados contra os
poderosos revelamos esse sentimento com
liberdade descontrolada. Mas não é liberdade o nada suportar, aí nos enganamos; a
liberdade é sobrepor o espírito às injúrias,
tornar-se a única fonte de onde venham as
alegrias, afastar as coisas externas de si, para

que não se leve uma vida inquieta, com medo do riso de todos, das línguas de todos. Pois quem não fará um insulto, se qualquer um é capaz de fazê-lo?

03 — Usam remédios diferentes o sábio e o que está em busca da sabedoria. Aos que ainda não são perfeitos e que se apresentam ao julgamento público, deve-se alertar que deverão viver entre injúrias e insultos: tudo que acontece é mais leve para aqueles que sabem o que esperar. Quanto mais respeitável seja alguém pela família, reputação, patrimônio, mais corajosamente agirá, lembrando-se de que os mais altos postos estão na primeira linha de batalha. Receberá os insultos, as palavras ofensivas, as ignomínias e outras humilhações como se fossem gritos de inimigos, lanças e rochas vindas de longe e ressoando em torno do seu elmo sem qualquer prejuízo. As injúrias, como ferimentos, algumas atravessando a armadura e outras, o peito, ele as receberá sem cair, sem sequer se mover um só passo. Mesmo se você for empurrado ou arrastado por uma força hostil, ceder ainda é torpe: proteja o lugar atribuído a você pela natureza. "Que lugar é esse?", você me pergunta. É o lugar de um homem.

04 — Ao sábio há outro auxílio, que é o contrário. Pois você ainda batalha, enquanto ele já obteve a vitória. Não lute contra o seu bem.

Enquanto você avança em direção à verdade, alimente essa esperança no seu espírito, busque o melhor de boa vontade, auxilie com a vontade e o pensamento: a existência de algo que não pode ser vencido, de alguém contra o qual a fortuna nada possa, é do interesse da coisa pública e da espécie humana.

NOTAS

1   Há uma boa dose de misoginia no modo como os romanos avaliam suas virtudes como ligadas ao masculino *vir*, "varão", que é o radical do substantivo "virtude". Também é sensível o modo como a representação de tudo que desvia do padrão masculino do cidadão romano "virtuoso" e "de bem" é ligado ao feminino e ao "efeminado", como se não atingir a virtude significasse não atingir o grau adequado de hombridade. No caso de Sêneca e Cícero, especificamente os epicuristas, por sua ênfase nos prazeres, são paradigmaticamente femininos.

2   Vatínio derrotou a Catão, o Jovem, mencionado acima, na eleição para pretor em 55 a.C. Catão é um paradigma de virtude para Sêneca.

3   A rostra é uma plataforma construída na cidade de Roma onde os oradores discursavam. O Arco de Fábio foi o primeiro arco do triunfo construído em Roma.

4   Clodius Pulcher, inimigo de Cícero, símbolo de corrupção política e violência.

5   Referência ao primeiro triunvirato, que dividiu o poder entre César, Pompeu e Crasso.

6   Trata-se do Rei Xerxes durante as Guerras Médicas.

7   Sêneca usa *armis virisque*, no ablativo plural, que retoma os acusativos *arma virumque* que abrem a *Eneida*, de Virgílio.

8   A Cúria foi a primeira sede do Senado em Roma, durante a República.

9   O nome provém de um apelido, algo como "botininha". O texto de Sêneca explica a origem logo na sequência.

10   Cibele, a mãe dos deuses.

SOBRE O ÓCIO
Para Sereno

CAPÍTULO 1

01 _ [**...**] e nos recomendam os vícios com grande consenso. Mesmo que não tentemos outra coisa que seja positiva, o próprio afastamento da vida pública será útil. Nós mesmos ficaremos melhores. E então podemos nos retirar para junto da companhia dos melhores de todos os homens, e selecionar algum exemplo de como levar a vida. Só no ócio isso é possível. E só então é possível realizar aquilo que uma vez decidimos fazer, pois ninguém intervirá, com a ajuda do povo, para distorcer um julgamento ainda pouco firme; e então a vida, que separamos em propósitos muito diversos, poderá avançar com um único motor harmônico.

02 _ Pois, entre os males restantes, o pior é que nos alternemos nos vícios. Assim, não nos acontece de permanecer em um mal já conhecido. Uma coisa depois da outra nos dá prazer. E também nos incomoda que nossos julgamentos não apenas sejam perversos, mas

também volúveis. Flutuamos, pegamos uma coisa depois da outra, abandonamos o que buscamos, buscamos de novo o que abandonamos, e nos alternamos entre nosso desejo e nossa penitência.

03 _ Dependemos todos dos julgamentos alheios, e enxergamos como melhores as coisas que são muito procuradas e louvadas, não as que devem ser procuradas e louvadas. E não estimamos uma via como boa ou ruim por si só, mas pela multidão de pegadas, nenhuma delas retornando.[1]

04 Você dirá para mim: "'Mas o que é isso, Sêneca? Está mudando o seu discurso?' Decerto os seus estoicos dirão: 'Estaremos até o fim da vida em ação, e não desistiremos de dar atenção ao bem comum, de ajudar os indivíduos, de dar auxílio até mesmo aos inimigos, mesmo com uma mão senil. Nós somos aqueles que não oferecem vacância do serviço a nenhuma idade, e, como diz aquele homem eloquentíssimo: *Espremmemos os cabelos brancos com o elmo*.[2] Somos aqueles para os quais não há nenhum momento ocioso antes da morte, para quem, se as circunstâncias permitirem, nem mesmo a morte é ociosa.'[3] Mas por que, em meio aos próprios preceitos de Zenão, nos fala dos preceitos de Epicuro? Se você se cansou do nosso discurso, por que não muda logo para o outro, em vez de trair o seu?".

05 _ Nesse momento, eu lhe responderei o seguinte: "Por acaso você não está esperando de mim algo além de ser semelhante aos meus líderes? O que seria, então? Não irei para onde eles me jogarem, mas para onde me conduzirem".

CAPÍTULO 2

01 _ Agora, então, provarei a você que não estou me afastando dos preceitos dos estoicos. Pois os próprios estoicos não se afastaram deles. Ainda assim, eu seria compreendido até mesmo se seguisse seus exemplos, não seus preceitos. Dividirei minha fala em duas partes: primeiro, que alguém pode se dedicar inteiramente à contemplação da verdade, buscar a razão no viver e exercê-la em segredo desde a primeira idade.

02 _ Segundo, que alguém que já tenha se exonerado de suas contribuições, com a vida já bem avançada, pode fazer o mesmo com juízo excelente e se empenhar em transmitir aos outros, ao modo das virgens Vestais, que, tendo dividido seus anos de ofício, aprendem primeiro a performar os ritos sagrados e, depois, ensinam o que aprenderam.

REQUER-SE DE UM HOMEM QUE SEJA ÚTIL A TODOS

CAPÍTULO 3

01 _ Mostrarei que isso também agrada aos estoicos, não porque me comprometi com a lei de nunca contrariar nenhum dito de Zenão ou de Crisipo, mas porque as próprias situações me fazem concordar com as suas posições. Quem sempre concorda apenas com a posição de um único não está no Senado, mas em uma seita. Ah, como seria se todas as coisas já tivessem sido defendidas, a verdade fosse transparente e aceita e nunca mudássemos de opinião! Na realidade, buscamos a verdade com os mesmos que a ensinam.

02 _ As duas escolas, o epicurismo e o estoicismo, divergem quanto a essa questão, mas as duas nos recomendam o ócio, embora por vias diferentes. Epicuro diz: "O sábio não participa da vida pública, exceto se algo o impelir". Zenão diz: "O sábio participará da vida pública, exceto se algo o impedir".

03 _ O primeiro busca o ócio por princípio, e o último, pelas circunstâncias. E essas circuns-

tâncias são entendidas em sentido amplo. Se a coisa pública estiver mais corrompida do que for possível resolver, se estiver tomada por males, o sábio não se esforçará em algo tão inútil, nem se empenhará em algo que não trará benefício. Caso tenha pouca autoridade ou poder, caso o Estado não esteja pronto para admiti-lo, caso a saúde o impeça, ele não embarcará num caminho que sabe que não é capaz de percorrer, como não encaminharia um navio danificado ao mar, como não se alistaria no serviço militar sendo fisicamente frágil.

04 _ Porém, aquele que ainda tem tudo íntegro, antes de passar pelas tempestades, também pode se assentar em segurança, dedicar-se logo às boas artes, exercer o ócio ilibado como cultor das virtudes que podem ser exercidas até mesmo pelos mais afastados das agitações.

05 _ Naturalmente, requer-se de um homem que seja útil a todos, se puder, ou a muitos; mas, se menos que isso, a poucos; ou se menos ainda, a seus próximos; ou, ainda, se menos, a si mesmo. Pois, quando alguém se torna útil aos outros, age em serviço comum. Assim como aquele que se torna pior não prejudica apenas a si mesmo, mas também a todos os que ele poderia beneficiar caso pudesse tornar-se melhor, assim todo aquele que se trata bem, por esse mesmo motivo, beneficia os outros, pois prepara o que lhes beneficiará.

CAPÍTULO 4

01 Tenhamos em mente que há duas repúblicas.[4] Uma é vasta e realmente pública, e contém os deuses e os homens, e nela não olhamos para um lado ou para outro, mas medimos as fronteiras de nossa cidade com o curso do Sol. A outra é aquela na qual a nossa condição de nascimento nos confinou. Nesse caso, falo de cidades como Atenas, Cartago ou qualquer outra cidade que não pertença a todos os homens, mas apenas a alguns. Algumas pessoas dão atenção a ambas as repúblicas, a maior e a menor, enquanto alguns dão apenas à república menor, e outros apenas à maior.

02 A essa república maior podemos servir mesmo no ócio, e nem sei se não servimos ainda melhor no ócio, ao investigarmos a natureza da virtude, se é uma ou muitas, se é a natureza ou a arte que torna os homens bons, se é uma única coisa isso tudo que contém os mares, as terras e o que há nos mares e nas terras, ou

se os deuses espalharam muitos corpos desse tipo; se toda a matéria é contínua e preenchida, a partir da qual todas as coisas são geradas, ou se é espalhada com o vazio misturado a todas as coisas sólidas; quem são os deuses; se é afastado que eles observam sua obra ou se eles a administram; se circundam sua obra de fora ou se estão imiscuídos em tudo; se o mundo é imortal ou se está entre as coisas perecíveis e com tempo de vida contado. O que oferece a deus aquele que contempla tais coisas? Que suas obras não fiquem sem testemunha.

O SUMO BEM É O VIVER DE ACORDO COM A NATUREZA

CAPÍTULO 5

01 _ Nós, estoicos, costumamos dizer que o sumo bem é o viver de acordo com a natureza, que nos leva a duas coisas: à contemplação e à ação. Passemos a provar a primeira afirmação. O que é, então? Não terá sido provada se cada um de nós se questionar sobre o quanto desejamos conhecer o que é desconhecido, e o quanto nos animamos com todos esses temas?

02 _ Alguns navegam e aguentam os labores de uma viagem extremamente longa apenas para conhecer algo remoto e escondido. Isso é o que atrai a multidão aos espetáculos, isso é o que leva à exploração, à investigação, a revelar o que é antigo, a ouvir sobre os costumes de povos estrangeiros.

03 _ A natureza nos concedeu um engenho curioso e, consciente de sua arte e beleza, nos gerou como espectadores de tão magnífico espetáculo, propensa a perder seus frutos se, sendo tão grandiosa, tão gloriosa, conduzida tão

sutilmente, tão brilhante e tão bela em tantos sentidos, mostrasse seus dons para o vazio solitário.

04 _ Para que você saiba que ela quis ser contemplada, e não apenas vista, observe o lugar que nos deu. Ela nos colocou bem em sua parte central e nos deu a todos uma visão geral. Não somente fez com que o homem ficasse em pé, mas também o tornou hábil para a contemplação de modo que pudesse perseguir os astros deslizando do Oriente ao Ocidente, capaz de verter seu rosto a todos os lados, com a cabeça no alto e com um pescoço flexível. Assim, conduzindo seis constelações durante o dia e seis durante a noite, desdobrou cada parte de si de tal modo que, a partir do que mostra aos nossos olhos, produz também o desejo pelas outras.

05 _ E não podemos ver todas, nem quão grandes ou numerosas, mas nossa visão se abre a uma via de investigação, e lança os fundamentos da verdade, para que a pesquisa transcorra das coisas visíveis às obscuras e encontre algo mais antigo que o próprio mundo: de onde vieram esses astros? Qual era o estado do universo antes de as coisas começarem a se separar de suas partes em corpos individuais? Qual foi a causa de se separarem quando estavam imersas e confusas? Quem atribuiu os locais para as coisas? Foi por sua própria natureza que as coisas pesadas desceram e as leves voaram ou se, para além de

seu ímpeto e peso, alguém escreveu alguma lei mais elevada para os corpos individuais? É verdadeiro o argumento que tenta provar maximamente que os homens são parte do espírito divino, e como centelhas dos astros que desceram até a terra e acabaram ficando em um lugar que não era o seu?

06 _ Nosso pensamento rompe os monumentos celestes e não está contente em saber apenas aquilo que se mostra. Ele nos diz: "Eu busco aquilo que jaz além do mundo, para saber se é uma vastidão profunda ou se esse espaço se encerra em seus próprios limites. Qual é o estado das coisas excluídas, se são disformes e confusas, ocupando o mesmo espaço em todas as direções, ou são distribuídas de um modo específico? Estão ligadas a este mundo, ou muito afastadas dele, voando pelo vazio? O que existe são elementos individuais dos quais se compõe tudo que existe e o que vai existir, ou uma matéria contínua capaz de se alterar no todo? Esses elementos são contrários entre si ou, em vez de lutar entre si, conspiram para criar coisas diversas?".

07 _ Tendo nascido para investigar essas coisas, considera o quanto falta de tempo ao homem, mesmo se ele reivindicar todo o tempo para si. Mesmo que ele não permita que seu tempo seja tomado por conta de sua boa natureza, mesmo que cuide para que não seja tomado por negligência, mesmo que conserve suas

horas da maneira mais avarenta e que proceda até o limite extremo da vida humana, e mesmo que a fortuna não perturbe nada daquilo que a natureza lhe dispôs — ainda assim o ser humano é mortal demais para o conhecimento das coisas imortais.

08 _ Dessa forma, vivo de acordo com a natureza se eu me dedico todo a ela, se lhe presto admiração e culto. Pois a própria natureza quis que eu fizesse as duas coisas, ser ativo e livre para a contemplação. Faço ambos, mesmo que a contemplação não aconteça sem ação.

CAPÍTULO 6

01 — "Mas é relevante", diz você, "saber se você se dedica a ela por conta do prazer, buscando nada além da contemplação assídua sem resultado, pois ela é doce e possui atrativos especiais". Contra isso, respondo que faz diferença saber em que estado de espírito você conduz a sua vida cívica, se está sempre inquieto e não toma para si nenhum tempo no qual passe a olhar das coisas humanas para as coisas divinas.

02 — Desse modo, buscar riquezas sem nenhum amor pelas virtudes e sem o cultivo do intelecto, apenas executar trabalhos, é muito pouco recomendável — deve-se misturar essas coisas, conectá-las entre si. Da mesma forma, é um bem incompleto e pobre a virtude gasta no ócio e sem ação, que não demonstra aquilo que aprendeu.

03 — Pois quem negará que a virtude deve testar seus progressos na prática, não apenas pensar sobre o que deve ser feito, mas às vezes

também pôr a mão na massa e executar o que foi pensado, conduzindo-o à realidade? Pois se não há demora da parte do sábio, se o que falta não é o agente, mas as coisas a serem feitas, certamente será permitido que ele se detenha consigo mesmo?

04 _ O que vem à mente do sábio quando ele se retira ao ócio? Ele sabe que, então, também realizará ações pelas quais favoreça os pósteros. Nós, estoicos, dizemos com certeza que Zenão e Crisipo realizaram coisas mais importantes do que se tivessem liderado exércitos, ocupado cargos honrosos ou estabelecido leis. As leis que estabeleceram não foram para uma única cidade, mas para toda a espécie humana. E então por que um ócio como esse não conviria ao homem bom, se com ele é possível ordenar as épocas vindouras, que não atinge a poucos, mas a todos os povos de todas as nações, tanto os presentes quanto os futuros?

05 _ Em suma, pergunto: acaso viveram de acordo com seus preceitos Cleantes, Crisipo e Zenão? Você responderá sem dúvida alguma que sim, que eles viveram exatamente como disseram que se devia viver. Porém, nenhum teve cargos públicos. E você dirá: "Mas eles não tiveram a fortuna nem a distinção que costumam fazer com que alguém seja admitido na vida pública". Porém, também não viveram na inatividade. Eles descobriram

como fazer de sua própria quietude algo que favorece mais a humanidade do que toda a correria e o suor dos outros. Assim, mesmo sem atuação pública, percebemos que fizeram coisas muito importantes.

A CONTEMPLAÇÃO AGRADA A TODOS

CAPÍTULO 7

01 — Além disso, há três modos de vida,[5] e costuma-se perguntar qual o melhor. Um dedica-se ao prazer; o outro, à contemplação, e o terceiro, à ação. Se de início deixarmos de lado nossas disputas e depusermos o ódio implacável que dedicamos aos que seguem caminhos diversos, vejamos que esses três modos chegam ao mesmo lugar por meio de títulos diferentes. Pois aquele que aprova o prazer não é desprovido de contemplação; o que se dedica à contemplação não é desprovido de prazer; e aquele cuja vida é destinada à ação não é desprovido de contemplação.

02 — "Mas há uma grande diferença", diz você, "em saber se algo é o propósito principal ou se é acessório ao propósito principal". Certamente há uma grande diferença, mas um não existe sem o outro. O contemplador não contempla sem ação; o ativo não age sem contemplação; e o terceiro, o qual, concordamos, tem má estima,[6] não aprova um prazer inerte, mas

antes um prazer que ele torna firme para si por meio da razão.

03 _ Assim, até mesmo essa escola ligada aos prazeres é dada à ação. E como não seria, quando o próprio Epicuro diz que às vezes se afasta dos prazeres para buscar a dor, caso o arrependimento esteja rondando o prazer, ou quando prefere uma dor menor a uma pior?

04 _ E por que então eu digo essas coisas? Porque parece que a contemplação agrada a todos. Para alguns, é o que se busca. Para nós, é uma estação de ancoragem, não o porto.

É PERMITIDO VIVER EM ÓCIO. NÃO DIGO APENAS TOLERAR O ÓCIO, MAS ESCOLHÊ-LO

CAPÍTULO 8

01 _ Acrescente também que, pela prescrição de Crisipo, é permitido viver em ócio. Não digo apenas tolerar o ócio, mas escolhê-lo. Os nossos negam que o sábio acederá a qualquer cargo público. Mas o que importa o modo pelo qual o sábio chegará ao ócio, seja porque a posição pública não lhe esteja disponível, seja porque ele não esteja disponível à coisa pública, se a coisa pública não existir mais para ninguém? Pois sempre faltará para os que a buscam com desdém. E eu pergunto: a qual república o sábio se dirigirá? À dos atenienses, onde Sócrates foi condenado e da qual Aristóteles fugiu para não ser condenado?[7] Onde a inveja oprime as virtudes? Você não vai me dizer que é a essa república que o sábio quer se dirigir.

02 _ Então será à nação de Cartago, na qual a discórdia é constante e a permissividade é prejudicial aos melhores homens, onde há a mais elevada vileza para com a justiça e a bondade,

crueldade desumana contra os inimigos, que acaba sendo hostil até com os seus próprios? Dessa também ele fugirá.

03 _ Se eu quisesse elencar cada uma das cidades, não encontraria nenhuma que toleraria, ou seria tolerada, pelo sábio. Mas, se não podemos encontrar nenhum Estado como o que imaginamos para nós, o ócio passa a ser necessário para todos, pois o que alguém poderia preferir no lugar do ócio não existe em lugar algum.

04 _ Se alguém me diz que o melhor é navegar, mas que não se deve navegar nesse mar porque ali costuma haver muitos naufrágios, e porque há muitas tempestades súbitas que arrastam o capitão para a direção contrária, creio que essa pessoa me aconselha a não navegar, não importa o quanto louve a navegação.

NOTAS

1   Referência à fábula de Esopo do leão e da raposa, que, tendo sido chamada para dentro da cova do leão, percebeu que as pegadas todas iam apenas naquele sentido, e assim evitou sua morte.
2   Virgílio, *Eneida*, 9.612.
3   Referência ao suicídio estoico.
4   *Res publica* é literalmente a "coisa pública", mas também o Estado, a cidade, não apenas a "república", como conhecemos hoje.
5   Formuladas por Aristóteles na *Ética a Nicômaco*, mas também já presentes em Platão e seus antecessores.
6   Trata-se de um epicurista.
7   Aristóteles foge de Atenas depois da morte de Alexandre, o Grande, com medo de ser condenado.

SOBRE A PROVIDÊNCIA
Para Lucílio

CAPÍTULO 1

01 — Lucílio, você me perguntou por que, se a providência rege o mundo, muitas coisas ruins acontecem com homens bons. Isso seria respondido com mais facilidade em uma obra na qual eu comprovasse que a providência rege todas as coisas e que deus se interessa por nós. Mas já que você pede que eu retire uma pequena parte do todo e resolva uma única controvérsia, deixando o todo da disputa intocado, farei algo que não é difícil: defenderei a causa dos deuses.

02 — Seria desnecessário, para o presente propósito, demonstrar que uma obra assim tão grandiosa não se sustenta sem algum protetor; e que a união e o trajeto dos astros não ocorrem por um ímpeto aleatório; e que, embora haja coisas que o acaso incita à perturbação e aos choques constantes, esse movimento veloz e desimpedido avança obedecendo a uma lei eterna; levando consigo tantas coisas na terra e no mar, tantas luzes claríssimas

reluzindo em ordem fixa; e que tal obra não é produto de matéria errante. Também seria desnecessário demonstrar que as coisas que se reuniram por acaso não poderiam pender com tamanha arte que o enorme peso da terra permaneça imóvel, observando os movimentos celestes girando em torno de si; e que os mares poderiam lançar-se pelos vales, amolecendo as terras sem sentir nenhum incremento pelo influxo dos rios; e que de sementes tão mínimas poderiam nascer coisas tão grandiosas.

03 _ Pois nem mesmo as coisas que parecem confusas e incertas, como as chuvas, as nuvens, os golpes dos relâmpagos, os incêndios que erupcionam dos topos das montanhas, os tremores da terra que cede, e as outras coisas que as partes tumultuosas do universo promovem ao redor da terra, não acontecem sem alguma razão, não importa o quão súbitas sejam. Antes, elas têm as próprias causas, não menos do que os fenômenos que se observam em lugares estranhos e que parecem maravilhosos, como as águas que fervem em meio à corrente e os novos arquipélagos surgindo em meio ao vasto mar agitado.

04 _ E, claro, se alguém observar as praias se desnudando, com o mar se retraindo em si, e logo depois sendo cobertas novamente, achará que as ondas se retraem e dirigem-se mar adentro por certa turbulência invisível,

logo irrompendo e retomando sua posição anterior com um vasto movimento; quando na verdade nesse espaço de tempo as ondas crescem e declinam aos poucos ao longo das horas do dia, na medida em que a lua as atrai, e sob seu comando o oceano se avoluma. Mas tais coisas podem ser guardadas para seu próprio tempo, tanto mais porque você não está duvidando da providência, mas reclamando dela.

05 Vou trazê-lo de volta aos bons termos com os deuses, pois eles são sempre melhores com os melhores. Já que a natureza das coisas não suporta jamais que as coisas boas sejam nocivas aos bons. Entre as pessoas boas e os deuses há uma amizade consolidada pela virtude. Eu disse "amizade"? Na verdade, trata-se de uma necessidade e de uma semelhança, já que, de fato, a pessoa boa difere de deus somente pelo tempo; ela é discípula, imitadora e verdadeira prole. E um pai magnífico como esse não é pouco rigoroso na cobrança das virtudes, e, como o fazem os pais severos, educa com firmeza.

06 Desse modo, quando você vê pessoas boas, benquistas pelos deuses, passarem por grandes provações, suando para subir árduas encostas, enquanto pessoas más se entregam, fluidas, à lascívia e aos prazeres, lembre-se: o que nos traz deleite, em nossos filhos, é o bom comportamento; nos escravos domésticos, a

licenciosidade.[1] Por isso, educamos os filhos com disciplina firme, enquanto fomentamos nos escravos a audácia. O mesmo deve ficar claro para você no caso de deus: ele não trata os homens bons com deleites, é duro com eles, preparando-os para si mesmos.

CONSIDERE TODAS AS ADVERSIDADES COMO EXERCÍCIOS

CAPÍTULO 2

01 — "Por que as pessoas boas enfrentam muitas adversidades?". Ora, nada de mau pode acontecer a quem é bom; os opostos não se misturam. Assim como tantos rios, tantas chuvas que vêm das alturas, tantas fontes de águas salutares que não alteram o sabor do mar e não o diminuem nem um pouco, da mesma forma o ímpeto das adversidades não enfraquece o espírito do homem forte: ele permanece firme e faz com que tudo que acontece receba sua própria cor, pois é mais forte que todas as coisas externas.

02 — Não quero dizer que o homem não percebe essas coisas, mas sim que as supera, já que, embora em outros momentos seja plácido e tranquilo, o espírito se levanta contra os ataques. Considere todas as adversidades como exercícios. Pois quem, sendo alguém que se dirige às coisas honestas, não está afeito aos labores justos e pronto aos deveres, mesmo com grande perigo? A quem, sendo zeloso, o ócio não é uma pena?

03 _ Vemos que os lutadores que se preocupam com a própria força se batem com os oponentes mais fortes e exigem de quem os preparam para as lutas que usem contra eles todas as suas forças; aceitam ser golpeados e derrubados e, caso não encontrem um adversário à altura, batem-se ao mesmo tempo com muitos.

04 _ Sem um adversário, o vigor definha, já que seu tamanho e seu poder aparecem somente quando demonstra o que é capaz de suportar. Saiba que é isso também o que os homens bons devem fazer a fim de não temer as situações árduas e difíceis e que não reclamem do destino, mas que busquem tudo que é bom em tudo que acontecer, ou que transformem o que vier em algo bom. O importante é a maneira de encarar tudo.

05 _ Você não percebe que é diferente o que agrada mães e pais? Estes, por um lado, ordenam que os filhos se levantem cedo para se dedicar aos estudos, e não permitem que fiquem ociosos nem mesmo aos feriados, lhes arrancando ora suor, ora lágrimas. As mães, por outro lado, afagam as crianças em seu colo, preferem que fiquem na sombra, que nunca se entristeçam e nunca sofram.

06 _ Deus tem um ímpeto paterno com relação aos homens bons. Ele os ama profundamente mas diz, por vezes, "que sejam perturbados por dores e danos, pois assim ficarão de fato

robustos". Os animais definham pela inércia e fraquejam não somente pelo esforço do labor, mas até mesmo pelo próprio movimento e pelo próprio peso. Uma boa fortuna jamais perturbada não é capaz de aguentar um único golpe, mas aquele que é assaltado por dificuldades frequentes torna-se calejado com tantos infortúnios e não cede a mal algum, pelo contrário; caso caia, continua lutando, mesmo de joelhos.

07 _ Por acaso você se surpreenderia se um deus que amasse muitíssimo os bons, desejando que eles sejam os melhores e mais admiráveis, lhes atribuísse uma fortuna contra a qual tivessem que se precaver? Não me admiro se, às vezes, os deuses são tomados de um ímpeto de assistir aos grandes homens se digladiando contra alguma calamidade.

08 _ Nós também sentimos uma espécie de prazer ao ver um jovem de espírito firme atacando com sua lança uma fera que lhe venha ao encalço ou, impávido, sustentando o ataque de um leão. Um espetáculo como esse é tanto mais agradável quanto mais valente e nobre seja aquele que o protagoniza. Porém, tais divertimentos leves, humanos e pueris não são suficientes para atrair a atenção dos deuses.

09 _ Eis um espetáculo digno de atrair o olhar divino para sua própria criação, eis um feito digno dos deuses: um homem valoroso se digladiando com a má fortuna, especialmente se ele mesmo a provocou. Pois não vejo

o que Júpiter consideraria de mais belo na terra, caso desejasse verter sua atenção para cá, do que a visão de Catão[2], que, tendo seu partido sofrido derrota mais de uma vez, ainda se mantinha em pé em meio às ruínas da República.

Diz Catão: "Mesmo que tudo tenha sido colocado sob o domínio de um só, que as terras sejam tomadas pelas legiões e os mares, pelas esquadras, e que o soldado de César já esteja à porta, há uma saída para Catão: abrir caminho para a liberdade com as próprias mãos. Esta lâmina, que não foi maculada nem mesmo em meio à guerra civil, que se manteve pura, realizará feitos bons e nobres: dará a Catão a liberdade que a pátria não pôde. Vai, meu espírito, e empreende o ato há muito premeditado: arranca-te do meio das coisas humanas. Petreio e Juba já se enfrentaram e jazem prostrados cada um pela mão do outro, num belo e poderoso pacto de destinos.[3] Isso, contudo, não convém à nossa grandeza. Para Catão, é tão torpe buscar a morte quanto a vida em outra pessoa".

A mim é claro que os deuses assistiram com grande júbilo enquanto aquele homem, feroz vingador de si mesmo, salvava os demais e os auxiliava em suas fugas, enquanto cuidava de seus estudos, mesmo em sua última noite, quando afundou a espada em seu sacrossanto peito e espalhou suas vísceras e removeu com a própria mão a alma santíssima, indigna de ser contaminada com uma lâmina.[4] Daí, creio eu, o ferimento ter sido menos certeiro e eficaz: observar Catão apenas uma vez não foi o bastante para os deuses imortais. Sua coragem foi retida e reconvocada para se apresentar novamente a uma missão mais difícil. Pois é necessária maior potência de espírito para buscar a morte mais de uma vez. Eles então não assistiriam com prazer ao seu pupilo encerrando seu caminho em um desfecho tão memorável? A morte consagra aqueles cujo fim é louvado até mesmo pelos que a temem.

NADA ME PARECE MAIS INFELIZ DO QUE AQUELE A QUEM NADA DE RUIM JAMAIS ACONTECEU

CAPÍTULO 3

01 _ Dessa forma, com os argumentos que se seguem, mostrarei que os males não são o que parecem ser. Pois afirmo que aquilo que você chama de penoso, adverso e abominável acontece, primeiramente, em favor daqueles para quem acontece e, depois, em favor de todos, pois a estes os deuses demostram maior preocupação do que somente com os indivíduos. Depois disso, mostrarei que isso acontece com aqueles que assim desejam, já que, se não o desejarem, serão merecedores desses males. A seguir, acrescentarei que tais coisas acontecem dessa forma em razão do destino, com as pessoas boas, em virtude da mesma lei pela qual elas são boas. Assim, eu o convencerei a jamais sentir pena do homem bom; ele pode ser chamado de infeliz, mas não de fato sê-lo.

02 _ Das proposições que acabei de fazer, a mais difícil parece ser a primeira: o que nos amedronta e apavora é favorável àqueles a quem

tais coisas acontecem. Então você me diz: "É favorável a alguém ser levado ao exílio, cair na pobreza, perder os filhos ou um cônjuge, ver-se em desgraça, perder a saúde?". Se você se admira que essas coisas sejam positivas para alguém, então deverá se admirar também com o fato de que às vezes somos curados pelo ferro ou pelo fogo, bem como pela fome ou pela sede. Contudo, se considerar que, para fins de tratamento, algumas pessoas têm seus ossos raspados ou removidos, suas veias extraídas e algum membro amputado — nos casos em que eles não poderiam permanecer sem prejudicar todo o restante do corpo —, você deverá concordar que alguns incômodos são positivos para quem deles sofre, da mesma forma que o que é louvado e muito desejado é danoso para aqueles que com isso se deleitam, como empanturrar-se, beber demais e outras coisas que matam por conta do prazer.

Dentre as muitas coisas magníficas que ouvi de nosso Demétrio,[5] há uma que me chegou recentemente e que até agora ressoa e vibra em meus ouvidos: "Nada me parece mais infeliz do que aquele a quem nada de ruim jamais aconteceu". A um homem como esse, jamais lhe foi permitido se testar. Da mesma forma que tudo flui a partir dele de acordo com seus desejos, e mesmo antes de desejar, os deuses acabam tendo um julgamento ruim a seu respeito — parece indigno de vencer a fortuna, que foge de todo aquele que seja muito covarde, como se dissesse: "O quê? É esse quem aceitarei como meu adversário? Ele vai abandonar as armas rápido demais. Nem preciso de minha potência máxima. Ele fugirá ao primeiro sinal de ameaça. Não aguentará ao menos me encarar. Olharei em volta para encontrar alguém com quem eu possa medir forças: me envergonha lutar com um homem preparado para perder".

04 _ Um gladiador considera uma vergonha combater alguém mais fraco e sabe que não há glória em uma vitória alcançada sem perigo. A fortuna age da mesma forma: busca medir-se com os mais fortes e passa pelos outros com desprezo. Ataca os mais contumazes e os mais firmes, e é contra eles que dirige suas forças: testou Múcio com fogo, Fabrício com a pobreza, Rutílio com o exílio, Sócrates com o veneno e Catão com a morte. Um grande exemplo só pode ser encontrado na má fortuna.

05 _ Acaso Múcio[6] é infeliz, por ter segurado as chamas do inimigo com sua mão direita, infligindo a si mesmo a pena por seu crime, se assim afugenta com a mão queimada o rei que não conseguira vencer com a mão armada? Ou então seria mais feliz se estivesse aquecendo sua mão no seio de sua amada?

06 _ E seria infeliz Fabrício[7] que, sempre que o desoneravam as questões da República, cuidava de seu próprio campo? Ele que lutou ao mesmo

tempo contra Pirro e contra as riquezas? Ele, um velho já honrado com um triunfo, que, junto à sua lareira, tem para a ceia as mesmas raízes e verduras que arrancou da terra enquanto limpava seus canteiros? Então, por acaso ele seria mais feliz empanturrando-se com peixes de praias longínquas e faisões estrangeiros; ou se despertasse seu estômago do jejum nauseante com mariscos do Adriático e do Tirreno; ou se enfeitasse com uma montanha de frutos a carne de fina caça, capturada às custas de muitas vidas de caçadores?

Ou acaso é infeliz Rutílio,[8] visto que aqueles que o condenaram terão que defender sua causa para toda a eternidade? Ele que suportou com o espírito mais tranquilo ser arrancado da pátria do que o fim de seu exílio? Ele que foi o único a rejeitar alguma coisa ao ditador Sula e, chamado de volta, não só não retornou como também fugiu para mais longe? "Eles verão, esses que a tua felicidade prendeu em Roma", disse Rutílio, "que eles vejam o rio de sangue no Fórum e sobre o lago de Servílio — pois lá eram empilhados os espólios das proscrições de Sula — as cabeças dos senadores, os bandos de assassinos errantes por toda a cidade e milhares de cidadãos romanos trucidados em um só local depois dessa garantia e, na verdade, por causa dessa mesma garantia. Que vejam tudo isso aqueles que não podem mais ser exilados".

08 — Ou então é feliz Sula[9] por ter os caminhos ao Fórum abertos com o ferro das espadas, ou porque exige que lhe sejam exibidas as cabeças dos outros cônsules e porque contabiliza os custos da matança nos registros públicos dos questores? E isso tudo ainda foi feito por aquele mesmo que propôs a lei Cornélia.

09 — Vamos então a Régulo[10]: que mal lhe causou a fortuna ao fazer dele um testemunho da confiança e da resistência? Fixaram-lhe a pele com pregos, e para qualquer lado que reclinasse o corpo fatigado apoiava-se em chagas. Seus olhos ficaram suspensos em perpétua vigília: quanto mais fosse torturado, maior seria sua glória. Quer saber o quanto ele não se arrepende de ter medido sua virtude com esse custo? Amarre-o de novo e leve ao Senado: continuará com o mesmo discurso.

10 — Acaso julga Mecenas[11] mais feliz? Ele que, ansioso em virtude dos amores e dos repúdios cotidianos da esposa, tenta se pôr a dormir com música harmoniosa tocada suavemente à distância? Ainda que sedado com vinho puro e distraído com o fragor das águas, enganando a mente ansiosa por mil desejos, conseguia dormir em seus travesseiros de pena tanto quanto Régulo pregado na cruz. Contudo, para Régulo é um consolo tolerar adversidades em favor da virtude, e ele desvia o olhar do sofrimento em direção à sua

causa; Mecenas, acabado de prazeres e sobrecarregado com o excesso de felicidade, é perturbado mais pela causa de seu sofrimento do que pelo que sofre.

11. Os vícios não chegaram a tomar conta da espécie humana a ponto de suscitar alguma dúvida de que, havendo a possibilidade de escolher o próprio destino, mais pessoas queiram nascer como Régulo do que nascer como Mecenas. Ou, caso haja alguém que ouse dizer que preferiria ter nascido como Mecenas e não como Régulo, tal pessoa, mesmo que o negue, preferiria ter nascido como Terência!

12. Pois julgas que Sócrates foi maltratado por ter bebido aquela poção danosa diante do público, como se fosse um elixir da imortalidade, e discutido até que a morte o encontrasse? Agiu ele mal por ter o sangue congelado e, com esse frio, pouco a pouco ter o vigor das veias extinto?

13. Quão mais devemos invejar a ele do que aquele a quem se serve o vinho em taças cravejadas de joias, a quem um jovem escravo sexual, treinado para suportar tudo, com a virilidade removida ou dúbia, dilui o vinho com neve suspensa na taça de ouro! O segundo medirá com o próprio vômito tudo o que tiver bebido, infeliz, ruminando sua própria bile; mas o primeiro, alegre e de boa vontade, sorverá o veneno.

14_ No que diz respeito a Catão, já se disse o bastante, e o consenso dos homens dirá que ele atingiu a suprema felicidade, ele a quem a natureza das coisas elegeu para confrontar o que nos causa medo. "As inimizades dos poderosos são pesadas; que ele se oponha ao mesmo tempo a Pompeu, César e Crasso. É pesaroso ser superado pelos piores no ofício público; que ele seja vencido por Vatínio[12]. É uma provação lutar em guerras civis; que ele lute por todo o mundo por uma boa causa com determinação parelha à infelicidade. É uma desgraça tirar a própria vida; que ele o faça. O que conseguirei com isso? Que todos saibam que não são males os acontecimentos que julguei dignos de Catão".

A VIRTUDE É ÁVIDA DE PERIGOS

CAPÍTULO 4

01 _ A prosperidade vem até mesmo às pessoas comuns e de talento inferior. Porém, subjugar as calamidades e os terrores dos mortais é próprio do homem grandioso. Na verdade, ter sempre boa fortuna e atravessar a vida sem sofrimento psíquico é ignorar a outra parte da natureza das coisas.

02 _ Você é um homem grandioso; mas como o saberei, se a fortuna não lhe der a oportunidade de exibir sua virtude? Você foi a Olímpia, mas ninguém mais foi além de você; você tem a coroa, mas não a vitória. Eu não o parabenizo como um homem forte, mas como alguém que obteve um cargo de cônsul ou de pretor; você cresceu em honra pessoal.

03 _ O mesmo posso dizer ao homem bom, se a ele nenhum sofrimento mais pesado lhe der chance de mostrar sua força de espírito: "Eu o considero um infeliz porque nunca foi infeliz. Você atravessou a vida sem adversário; ninguém saberá do que é capaz, nem mesmo

você". O autoconhecimento requer experiência. É só tentando que alguém aprende aquilo que é capaz de fazer. É assim que alguns se lançaram aos males que lhes pareciam demorar e buscaram oportunidades para fazer brilhar a virtude que estava por adentrar na obscuridade.

04 _ Os homens grandiosos alegram-se sempre que há situações adversas, como os combatentes corajosos na guerra. Uma vez ouvi o gladiador Triunfo lamentar-se da raridade de combates no império de Tibério. "Uma era maravilhosa se foi!", dizia. A virtude é ávida de perigos, e não pensa no que vai sofrer, mas em sua meta, já que até mesmo o sofrimento é parte de sua glória. Os soldados se vangloriam de seus ferimentos e ostentam o sangue perdido em um bom êxito; mesmo que tenham tido o mesmo sucesso os que retornam íntegros das linhas de batalha, os que voltam feridos recebem mais apreço.

05 _ Creio que os deuses têm em maior estima os que desejam ser os mais honrados sempre que lhes oferecem material para realizar algo com grande potência e coragem, e, para isso, há necessidade de alguma dificuldade. É na tempestade que você reconhece um piloto e, na guerra, um soldado. Como poderei saber quanta força de espírito você tem contra a pobreza se está nadando em riquezas? Como poderei saber quanta resiliência tem contra a desonra, a infâmia e o ódio do povo se

envelhece em aplausos, se o persegue um favor inexpugnável que sempre direciona a inclinação dos pensamentos em sua direção? Como saberei como você enfrentará a perda, se todos os que gerou você vê diante de si? Eu te ouvi enquanto consolavas os outros. Gostaria de ver-te consolando-te a ti mesmo, suprimindo teu próprio sofrimento.

06 _ Eu vos peço: não temais essas coisas que os deuses imortais aproximam de vossos espíritos como ferrões; a calamidade é a oportunidade para a virtude. Merecem ser chamados de miseráveis aqueles entorpecidos com o excesso de felicidade, os que a tranquilidade inerte detém como se navegassem num lento mar. O que quer que lhes aconteça será um imprevisto.

07 _ As severidades pesam mais nos inexperientes; o jugo é mais pesado no pescoço mais tenro. Um recruta empalidece com a suspeita de um ferimento; um veterano encara com audácia seu próprio sangue, pois sabe que venceu muitas vezes depois do sangue. Aqueles que os deuses amam e aprovam eles reconhecem, testam, fatigam. Aos que parecem poupar com indulgência, conservarão frágeis aos males que vierem. Errais se julgais que alguém é exceção; a hora chegará de receber sua parte àquele que foi feliz por muito tempo, e aquele que parece ter sido poupado teve apenas o sofrimento adiado.

08. Por que deus aflige os melhores de todos com má saúde, luto ou outros sofrimentos? Porque no exército as situações mais perigosas são confiadas aos mais fortes: o comandante envia os mais seletos a um ataque noturno aos inimigos, ou à exploração de um novo caminho, ou a deslocar uma tropa de sua posição. Nenhum deles diz "O general crê que mereço um mal", mas, antes, "Ele julgou bem". Que digam o mesmo todos aqueles que forem ordenados a fazer coisas que fariam chorar os fracos e covardes: "Pelos deuses, somos considerados dignos de passar por tudo aquilo que a natureza humana é capaz de suportar".

09. Afastem-se dos prazeres, afastem-se da felicidade que enfraquece, pela qual os espíritos se diluem e, a não ser que algo aconteça para lembrá-los do destino humano, enfraquecem, como se entorpecidos em perpétua ebriedade. Aquele que está sempre protegido dos ventos pelas janelas, cujos pés estão sempre amornados por compressas sucessivamente aplicadas, a quem aquecem os pisos e paredes das salas de jantar, uma leve brisa o toca não sem grande perigo.

10. Embora tudo em excesso seja prejudicial, a falta de limites na felicidade é o pior de todos os excessos. Mexe com a cabeça, conduz os pensamentos a imagens vazias, confunde o caminho verdadeiro e o falso em uma névoa

espessa. Não seria melhor uma infelicidade perpétua suportada com o apoio da virtude do que ser destruído por bens imoderados e infinitos? Morrer de fome é mais suave do que rebentar de tanto comer.

11 _ Os deuses seguem o mesmo princípio com os homens bons que os preceptores adotam com seus discípulos, exigindo mais esforço daqueles em quem há esperança mais garantida. Por acaso você julga que os espartanos odeiam seus filhos por testarem sua índole com espancamentos em público? Os próprios pais exortam os filhos a suportar corajosamente os flagelos e que, mesmo lacerados e semimortos, perseverem e entreguem as feridas a mais feridas.

12 _ Por que seria espantoso os deuses testarem duramente os espíritos elevados? Uma prova de virtude nunca é algo fácil. A fortuna nos fustiga e nos vergasta; nós aguentamos! Não é crueldade, é uma prova e, quanto mais frequentemente nos submetermos a ela, mais fortes seremos. É mais forte a parte do corpo que exercitamos com mais frequência. Devemos nos submeter à fortuna para, lutando contra ela, por ela nos fortalecermos. Pouco a pouco ela nos tornará semelhantes a si, e a assiduidade dos perigos nos fará desprezar as adversidades.

13 _ Assim, os corpos dos marinheiros são mais resistentes por enfrentarem o mar, as mãos dos

agricultores são mais calejadas, os braços dos soldados são mais fortes para arremessarem as lanças, as pernas dos corredores são mais ágeis; o que é mais robusto em cada um é o que mais foi exercitado. É a partir do sofrimento que a mente alcança o desprezo ao sofrimento dos males. Você saberá o quanto esse sofrimento pode fazer por nós se observar o quanto o labor favorece os povos desnudos e tornados mais fortes pela falta de recursos.

14 — Considere todos os povos nos limites da *Pax Romana*[13]. Falo dos germânicos e todos os povos nômades que se opõem a nós ao redor do Istro. Eles são oprimidos por um inverno perpétuo e céus detestáveis, mal se sustentam com seu solo estéril, defendem-se da chuva sob tetos de palha e folhagens, vagueiam por sobre lagos endurecidos pelo gelo e caçam animais selvagens para se alimentarem.

15 — Eles lhe parecem infelizes? Nada que o hábito tenha tornado natural é infeliz. Aos poucos, o que teve início por necessidade passa a ser agradável. Nenhuma casa ou cidade ocupam senão aqueles escolhidos pelo cansaço do dia. Seus alimentos são desprezíveis e devem ser conquistados com as mãos, a hostilidade do céu é horrenda, seus corpos são descobertos! O que para você parece calamidade é a vida para muitos povos. Por que o admira que homens bons sejam fustigados até que se tornem mais firmes?

16 — Uma árvore não é sólida nem forte a não ser que o vento a fustigue com frequência. São essas mesmas investidas que a tornam mais firme e as raízes mais fixas. Frágeis são as que cresceram em um vale ensolarado e agradável. Em favor dos próprios homens bons, e com a finalidade de torná-los mais destemidos, é que passam por muitas coisas tenebrosas e aceitam com espírito tranquilo essas coisas que são males apenas quando alguém as suporta mal.

CAPÍTULO 5

01 _ Agora, acrescente-se a isso que é em prol de todos que, como direi, os mais excelentes sejam guerreiros e realizem feitos valorosos. Este é o propósito dos deuses e do homem sábio: mostrar que as coisas que o vulgo deseja ou teme não são boas nem más. Mas ficará claro que são boas apenas as que ele atribui aos homens bons, e más somente as que lança contra os maus.

02 _ Detestável será a cegueira caso ninguém perca os olhos senão os que merecem tê-los arrancados; assim, que Ápio e Metelo careçam de luz.[14] Riqueza não é algo bom; assim, que Élio, o alcoviteiro, também possua riquezas, para que os homens, que as consagram em templos, as vejam também nos bordéis. Os deuses não têm melhor modo de desonrar as coisas desejadas do que as conferindo aos mais torpes e as retirando dos mais nobres.

03 _ "Mas é injusto debilitar um homem bom, acorrentá-lo e crucificá-lo, enquanto os maus

seguem com seus corpos íntegros, livres e delicados". Mas, então, não é injusto que os homens corajosos e fortes tomem armas e passem as noites no campo de batalha, e que se postem diante dos baluartes com bandagens nos ferimentos enquanto, na cidade, os impudicos estejam seguros e tranquilos? E, então, não é injusto que as virgens mais honradas de todas sejam acordadas no meio da noite para executar os ritos sagrados enquanto as pervertidas usufruem do sono mais profundo?

04 _ O esforço chama os melhores. O Senado com frequência debate ao longo de um dia inteiro, enquanto, ao mesmo tempo, os mais vis e mesquinhos aproveitam o ócio no Campo de Marte, enfurnam-se em tavernas ou matam o tempo por aí. O mesmo acontece nesta grande República; os homens bons labutam, extenuam-se, acabam-se — e voluntariamente. Não são arrastados pela fortuna, mas a perseguem e acertam o passo com ela. Se soubessem como, a ultrapassariam.

05 _ Lembro-me de ouvir as seguintes palavras poderosas de Demétrio, o mais corajoso dos homens: "Somente disto, deuses imortais, eu posso me queixar sobre vocês: que não tenham manifestado sua vontade antes para mim, pois eu teria me apresentado a ela antes de a essas coisas às quais ora sou convocado. Vocês querem tomar meus filhos? Foi para vocês que os criei. Querem alguma parte de

meu corpo? Tomem; não oferto grande coisa, pois logo todo o meu corpo terão. Querem meu sopro de vida? Por que eu causaria algum atraso para que vocês recebessem de volta o que me deram? Tudo que pedirem, entregarei de boa vontade. Pois então? Eu prefiro oferecer a entregar. Não há necessidade de tomar nada de mim. Podem aceitar. Nunca tomarão nada, pois só se arranca algo de alguém apegado".

06 _ Não sou coagido a coisa alguma. Não me submeto contra a vontade. Aos deuses oferto não servidão, mas assentimento, ainda mais por saber que tudo acontece por uma lei fixa e proferida por toda a eternidade.

07 _ O destino nos conduz, e o quanto de tempo resta para cada um de nós foi determinado na hora do nascimento. Causa depende de causa, e uma longa série conduz as coisas públicas e privadas: assim, tudo deve ser suportado com coragem porque, como cremos, nem tudo sucede, mas chega. Tempos antes foi decidido o que haveria para sua alegria, o que o levaria às lágrimas, e, embora pareça que a vida de cada um é distinta com grande variedade, no fim o resultado é um só: tudo o que temos morre, assim como nós.

08 _ Por que, então, nos indignamos? Por que nos lamentamos? Nós já estamos preparados para isso. Que a natureza use de seus corpos como bem entender. Que nós, corajosos e

contentes com tudo, saibamos que nada de nós de fato perece. O que pertence ao homem bom? Sua entrega ao destino. É um grande alívio sermos arrebatados com o universo. O que quer que tenha determinado como devamos viver e morrer aprisiona os deuses a essa mesma necessidade. Um curso irrevogável arrasta igualmente as coisas humanas e divinas. O próprio criador e regente de todas as coisas traçou o destino mas também o segue. Uma vez ordenado, ele sempre lhe obedece.

09 _ "Mas por que, então, deus foi tão desigual na distribuição do destino, atribuindo pobreza, chagas e mortes cruéis aos homens bons?". O criador não pode mudar a matéria; devemos aceitá-la. Certas coisas não podem ser separadas de outras; elas estão ligadas, são indivisíveis. Disposições preguiçosas e propensas ao sono ou a vigílias sonolentas são compostas de elementos inertes. Para criar um homem que possa ser assim chamado com propriedade, é necessário um destino mais rigoroso. Seu caminho não será plano: ele deverá escalar e descer, guiar seu navio em meio a tempestades, manter seu curso contra a fortuna. Muitas coisas duras e árduas acontecerão, mas ele mesmo conseguirá acalmar e aplainá-las.

10 _ O fogo testa o ouro; a miséria, os bravos. Observe, agora, como a virtude deve ascen-

der; perceberá que seu caminho não é fácil nem seguro:

Árdua é a primeira via e mesmo frescos, cedinho,
mal conseguem subir os cavalos; altíssima é a média
via, de onde até eu, o mar e as terras, por vezes,
temo olhar, e meu peito, pávido, treme de medo;
última via é descida íngreme e pede firmeza:
logo, então, temendo que eu caia direto no abismo
Tétis costuma aguardar-me e acolher-me nas águas abaixo.[15]

11　Quando o nobre jovem Faetonte ouviu essas coisas, disse: "Agrada-me o caminho, eu o galgarei. Tanto valor há em ascender por ele, ainda que eu possa cair". O Sol, porém, não desiste de demover seu peito ávido através do medo:

Para que mantenhas a via e não sejas levado por erro,
seguirás através dos cornos do Touro adiante
pelo arco hemônio e pelo Leão violento.

12. E, então, ele diz: "Faça a união dos carros. Sou mais instigado pelas coisas que julga me aterrorizarem. Quero estar lá onde o próprio Sol treme de medo". Buscar os caminhos seguros é para os fracos e indolentes; a virtude busca as alturas.

ARMEI SEUS ESPÍRITOS CONTRA TUDO: SUPORTEM COM CORAGEM

CAPÍTULO 6

01 _ "Por que, então, deus permite que aconteçam coisas ruins aos homens bons?". Na verdade, ele não permite. Ele afasta dos bons todas as coisas ruins, os crimes, transgressões, pensamentos ímprobos, ambições excessivas, apetite irrefreado, desejo iminente pelo que é do outro. Ele também os protege e resgata: mas alguém ainda exigiria mais de deus, talvez, que cuidasse até mesmo das bagagens dos homens bons? Na verdade, eles eximem a divindade desse tipo de preocupação ao desprezar as coisas externas.

02 _ Demócrito livrou-se das riquezas, considerando-as um fardo para a mente virtuosa. Por que então você se admira se deus permite que aconteçam ao homem bom coisas que ele mesmo quer que aconteçam para si? Os homens bons perdem filhos; e daí, se às vezes também os matam? São lançados ao exílio; e daí, se eles mesmos às vezes tiram a própria vida? Por que aceitam passar por

coisas assim tão difíceis? Para que ensinem aos outros como suportá-las.

03 _ Nascem para ser exemplos. Imagina, então, deus dizendo: "Quanto a mim, de que vocês podem se queixar, vocês a quem as coisas corretas agradam? A outros circundei com falsos bens e enganei suas almas inanes como se estivessem em um longo sono falaz; adornei-os com ouro, com prata e com marfim, mas nada de bom há por dentro.

04 _ "Esses, que vês parecerem felizes, se os visses não por fora, mas pelo que escondem, seriam miseráveis, sórdidos, torpes, decorados em seu exterior assim como suas paredes. Essa não é uma felicidade sólida e sincera: é como uma casca fina. É por isso que, enquanto podem manter-se e mostrar-se de acordo com seu arbítrio, brilham e se impõem. Porém, quando algo acontece que os perturbe e os revele, fica aparente o quanto de profunda e verdadeira imundície aquele brilho falso escondera.

05 _ "A vocês dei bens certos e duradouros, que, quanto mais alguém mexer e inspecionar de todos os lados, serão maiores e melhores. Eu lhes permiti que desprezem as coisas que trazem medo, desdenhem dos desejos. Vocês não brilham pelo lado de fora, mas seus bens estão virados para dentro. É assim que o universo desprezou as coisas exteriores, contente com seu próprio espetáculo. Eu pus todo o bem do

lado de dentro. Sua boa fortuna é não necessitar de boa fortuna.

06 _ "Mas muitas coisas tristes, horrendas e intoleráveis acontecem'. Uma vez que não pude eximi-los de tais coisas, armei seus espíritos contra tudo: suportem com coragem. Nisto é que vocês superam a deus: ele está além do sofrimento dos males, e vocês estão acima do sofrimento. Desprezem a pobreza; ninguém vive mais pobre do que nasceu. Desprezem a dor; ou vocês se libertam dela, ou ela os libertará. Desprezem a morte; ou é o fim, ou é passagem. Desprezem a fortuna; não lhe dei dardo algum capaz de ferir a alma.

07 _ "Além de tudo, cuidei para que ninguém os prenda contra a vontade — a saída se revela: se não quiserem lutar, podem fugir. Na verdade, de todas as coisas que quis que lhes fossem necessárias, não fiz nenhuma mais fácil do que a morte. Eu pus sua vida numa ribanceira. Se ela se arrastar, verão quão breve e rápido o caminho para a liberdade. Não criei o fim tão longo e demorado quanto o começo, pois a fortuna teria sobre vocês um poder grande demais caso se demorasse tanto para morrer quanto para nascer.

08 _ "Que todos os tempos e locais lhes ensinem como é fácil renunciar à Natureza e renunciar a seus dons. Mesmo entre altares e ritos solenes de sacrifícios, enquanto se ora pela vida, aprendam a morte. Os corpos robustos dos

touros sucumbem com um golpe exíguo e os animais de enormes forças caem pela mão humana. Os ligamentos do pescoço são decepados por um tênue ferro e, quando a última ligação entre a cabeça e o corpo é cortada, a massa enorme do corpo sucumbe.

09 _ "O espírito não se esconde no fundo e não precisa ser arrancado com o ferro; não é necessário que se procure pelo coração analisando uma ferida profunda: a morte está próxima. Não especifiquei um local para os golpes mortais; por onde quiserem, haverá um caminho aberto. Isso a que chamam morrer, a partida da alma do corpo, é tão breve que sua velocidade não pode ser sentida. Quer com uma corda se parta o pescoço, a água pare sua respiração, a dureza do solo lhe destroce a cabeça, a inalação das chamas lhe interrompa a respiração — o que quer que seja, será rápido. Acaso vocês não se envergonham de temer por tanto tempo o que acontece tão rápido?".

NOTAS

1   Os escravos da casa, *verna*, são próximos da família e têm uma criação mais livre, e são possivelmente fonte de entretenimento. As comédias romanas dos séculos 3 e 2 a.C. já mostram uma visão infantilizada e cômica dos escravos, sempre espertos e enganadores, numa vida em que as dificuldades se vencem com astúcia e "malandragem".

2   Catão, o Jovem, ou Uticense (95-46 a.C.), político estoico incorruptível e moralista, opunha-se a Júlio César na guerra civil e suicidou-se após a derrota de Pompeu.

3   Petreio era comandante das forças de Pompeu, e Juba, rei da Numídia, comandava seu povo ao lado das forças republicanas de Pompeu. Concordaram em se matar após a derrota para os cesarianos na batalha de Tapso em 46 a.C.

4   Segundo Plutarco e Sêneca, Catão lia Platão em sua última noite e, após haver costurado o ferimento sofrido pelo gládio em seu peito, rasgou os pontos com as próprias mãos, para controlar o ritmo da própria morte.

5   Demétrio, o Cínico, filósofo amigo de Sêneca, mencionado diversas vezes por ele, e que foi exilado por Nero e Vespasiano.

CADERNO DE ANOTAÇÕES

TIPOGRAFIA	Turnip [TEXTO] Azeret [ENTRETÍTULOS] Maria Connected [DESTAQUES]
PAPEL	Avena 80 g/m² [MIOLO] Cartão Supremo 250 g/m² [CAPA]
IMPRESSÃO	Rettec Artes Gráficas e Editora [JUNHO DE 2024]

6   Múcio Cévola, herói romano capturado pelo rei Lars Porsena, que, para mostrar sua indiferença pela condenação à morte, pôs a mão no fogo. Por tal demonstração de coragem, o rei o libertou.

7   C. Fabrício Luscino, político romano do século 3 a.C., famoso por viver em pobreza em suas terras. Resistiu aos ataques do rei Pirro e a suas tentativas de suborno.

8   Rutílio Rufo, político romano e filósofo estoico, aluno do filósofo Panécio, exilado em 92 a.C. sob acusação de corrupção. Posteriormente, rejeitou o convite de Sula para voltar à pátria.

9   Sula havia aprovado a lei Cornélia contra homicídios e envenenamentos em 81 a.C. As referências anteriores são à brutalidade de Sula na eliminação dos oponentes através de proscrições e mortes.

10   Régulo, comandante romano rendido pelos cartagineses na Primeira Guerra Púnica, foi levado como refém para negociar a rendição dos romanos. Recusando-se a colaborar, instigou seus exércitos a continuarem a lutar. Foi torturado e morto.

11   Mecenas, o patrono das artes de Augusto, é exemplo de vida desregrada e luxuriosa com sua esposa Terência.

12   Vatínio foi um político romano famoso por sua aparência desagradável e deformada e por ser considerado moralmente abjeto, embora tenha ocupado muitos cargos eletivos, vencendo Catão na eleição para pretor em 55 a.C.

13   *Pax Romana* é o nome que se costuma dar ao período de paz e prosperidade instaurado pela pacificação das Guerras Civis e eliminação da República pelo primeiro imperador de Roma, César Augusto, que costuma ser datada de 27 a.C. a 180 d.C., com a morte do imperador-filósofo, também estoico, Marco Aurélio.

14   Trata-se de Appius Claudius Caecus e L. Caecilius Metellus, estadistas romanos; Metellus perdeu a visão ao resgatar do fogo as estátuas dos deuses no templo de Vesta.

15   Ovídio, *Metamorfoses*, II, 63-9 e 79-81. São Paulo: Penguin-Companhia das Letras, 2023. Tradução de Rodrigo Tadeu Gonçalves.